Helmut Schauaus

Irgendwann erzähl' ich es

Igginger Zeitzeugen erinnern sich
an ihre Erlebnisse aus dem Zweiten Weltkrieg
und der Nachkriegszeit

2. Auflage 2009
ISBN 978-3-837083-23-1
Printed in Germany

Gemeinde Iggingen – D-73574 Iggingen

Titelblatt: Sibylle Bönsch und Julia Schauaus
Satz und Gestaltung: Sibylle Bönsch, iq.design
Illustrationen: Mark Wamsler

Autor: Helmut Schauaus

INHALTSVERZEICHNIS

Vorwort des Verfassers

Fast alle heute noch lebenden Menschen, die den Zweiten Weltkrieg und die Nachkriegszeit bewusst erlebt haben, können aus dieser Zeit Dinge berichten, die uns heute noch mitreißen, mitfühlen und mitleiden lassen. Viele Erzählungen versetzen den heutigen Zuhörer in Staunen oder erzeugen ein Gefühl der Beklommenheit, oft vermischt mit Bewunderung für diejenigen, die das wirklich überstanden und überlebt haben. Mehr als sechzig Jahre liegen diese Ereignisse nun zurück, doch sie waren so einschneidend, dass sie bis heute häufig nicht vergessen, geschweige denn verarbeitet sind. Leider sind diejenigen, die am meisten aus dieser Zeit zu erzählen gehabt hätten, heute nicht mehr am Leben oder sind nicht mehr in der Lage, die – teilweise nur bruchstückhaften – Erinnerungen mitzuteilen. Noch vor wenigen Jahren gab es sehr viele Zeitzeugen und dadurch einen enormen Fundus an Erzählungen aus den Kriegsjahren. Vielleicht verspürte gerade deshalb kaum jemand eine Dringlichkeit, diese Erlebnisse schriftlich zu fixieren. Doch je mehr die biologische Uhr mit den Menschen auch die Erinnerungen verloren gehen lässt, wächst bei Manchem der Wunsch, etwas davon für die nachfolgenden Generationen festzuhalten.

Genau das machte ich mir zur Aufgabe und begann Anfang 2006 mit der Arbeit an diesem Buch. Insgesamt suchte ich mehr als 15 Personen auf, die heute in Iggingen leben und die mir ihre Geschichte von damals erzählten. Ehemalige Soldaten schildern ihre Erlebnisse an der Front, Frauen, was sich zu dieser Zeit in der Heimat zugetragen hat, ein ehemaliger Zwangsarbeiter erzählt, ebenso wie Heimatvertriebene und solche, die den Krieg noch mit Kinderaugen erlebten. Selbstverständlich erhebt dieses Buch – auch für Iggingen – keinen Anspruch auf Vollständigkeit. Obwohl es auf den ersten Blick so scheint, als ob kaum noch jemand da wäre, der etwas von damals erzählen könnte, wären es gewiss noch weit mehr als die hier zu Wort kommenden. Interessant für mich als Autor war, dass viele der Erzähler hier zum ersten Mal seit sehr langer Zeit oder zum ersten Mal überhaupt ausführlich über ihre Erlebnisse sprachen. Von den Söhnen und Töchtern hörte ich einige Male den Satz: „Das hab ich so noch nie gehört!"

Mein Dank gilt all jenen, die mich bei diesem Vorhaben unterstützten. Zuallererst den Erzählern, die bereitwillig und offen ihre Erinnerungen darlegten. Nicht selten wurden dabei alte Wunden aufgerissen.

Iggingen im Herbst 2008

„Männer, macht euch bereit zum Sterben!"

„Mit diesen Worten verabschiedete sich der Oberleutnant, der uns im Zug von Heilbronn bis hierher auf die Halbinsel Krim begleitet hatte. Er fuhr jetzt wieder zurück Richtung Heimat, während wir uns auf den Einsatz im Kaukasus vorbereiteten. „Wir", das war das Jägerregiment 228, 101. Jägerdivision. Mit Schnellbooten wurden wir anschließend im August 1943 über die Straße von Kertsch und den Kuban-Brückenkopf an die Kaukasusfront verlegt. Zu diesem Zeitpunkt hatten die Russen ihre groß angelegte Sommeroffensive bereits begonnen und damit die Initiative übernommen. Der Roten Armee war der Durchbruch auf breiter Front gelungen und für die Wehrmacht sollte es von nun an nur noch einen Rückzug nach dem anderen geben. Unser Zielort und Einsatzgebiet war die Stadt Noworossijsk an der östlichen Schwarzmeerküste. Um die Stadt waren erbitterte Kämpfe entbrannt. Dort angekommen, erlebte ich teilweise haarsträubende Kampfhandlungen. Es kam vor, dass wir auf der einen Seite eines Hauses standen – die Russen auf der gegenüberliegenden. Im Gegensatz zu uns konnte der Feind Ausfälle an Personal und Material fast problemlos ausgleichen und war uns somit in allen Belangen überlegen. Mit äußerst massiven Angriffen wurden wir aus der Stadt gedrängt und mussten uns in ein Wald-

1

stück zurückziehen, wo wir uns noch einige Tage halten konnten. Dann jedoch mussten wir auch von dort weg, um einer Einkesselung zu entkommen. Also wurde unsere Kompanie ausgeflogen und der besonders umkämpfte Kuban-Brückenkopf am 7. September 1943 endgültig geräumt.

Über die Krim hinweg verlegte man uns in die „Wotanstellung" südlich von Saporoshje, wo wir in einen klassischen Stellungskrieg geworfen wurden. Wochenlang lag ich im Schützengraben als Schütze II. Das hieß meine Aufgabe war es, stets die Munitionskoffer für den MG-Schützen I bereitzuhalten und bei einem Angriff mitzutragen. Angriffe unsererseits sollte es jedoch in den acht Wochen, in denen ich dort lag, nicht geben. Im Gegenteil: Wir hatten alle Mühe, uns die Russen vom Leib zu halten. Die Männer, die schon länger in der Stellung lagen, wie mein Schütze I, waren größtenteils erfahrene Frontkämpfer. Feinde zu töten war praktisch tägliche Routine. Auch ich merkte schnell, dass der Krieg in vorderster Front seine eigenen Gesetze hat. Jeder Tag und jede Nacht wurde aufs Neue zu einem nackten Überlebenskampf. Die russische Infanterie griff an. Wir ließen sie nahe genug herankommen, auf etwa 50 Meter, dann ratterten unsere Maschinengewehre los. Bei Nacht wurde mit Leuchtspurmunition geschossen. Wenn ich sie nicht töte, töten sie mich – ich merkte wie ich von Tag zu Tag mehr abstumpfte. Irgendwann verspürte ich nicht einmal mehr Angst.

Anfangs waren wir noch die Neuen und Jungen. Dies bedeutete, dass wir uns zuerst beweisen mussten und in brenzligen Situationen vorgeschickt wurden. Eine solche Situation ließ nicht lange auf sich warten. Nach einem Angriff lagen etwa 30 Meter von unserem Graben entfernt tote russische Soldaten. Ich und noch zwei weitere Neue erhielten den Auftrag raus zu gehen und die Soldbücher der Gefallenen zu besorgen. Die Heeresleitung wollte wissen mit welcher Einheit wir es hier zu tun hatten. Wir warteten die Dunkelheit ab, dann krochen wir aus der Stellung nach vorne. Ich drehte einen der Gefallenen auf den Rücken und fand tatsächlich in der Brusttasche seiner Uniformjacke das begehrte Soldbuch. Gerade wollten wir uns auf den Rückweg machen, als wir plötzlich unter Beschuss gerieten – und zwar von der eigenen Seite! Offenbar hatten nicht alle mitbekommen, dass wir da vorne einen Auftrag zu erfüllen hatten. Wir warfen uns sofort flach auf den Boden und hörten auch gleich die lauten Rufe: „Einstellen, nicht schießen!" So ging die Sache gerade noch einmal gut.

Beweisen wollten sich unbedingt zwei ganz junge Burschen, die ebenfalls neu in der Stellung waren. Es waren Fahnenjunker (Offiziersanwärter), die zeigen wollten was sie drauf haben. Der erste russische Angriff, den sie erlebten – und gleichzeitig nicht überleben sollten – war mit schwerer Panzerunterstützung. Die russischen T34-Panzer rollten auf unseren Graben zu und in deren Deckung folgten die Infanteristen. Die beiden Jungen blieben nicht in der schützenden Stellung, sondern sprangen heraus, um dem Feind entgegen zu rennen. Sie waren kaum aus dem Schützengraben raus, als sie tödlich getroffen nach hinten fielen.
Die Panzer kamen näher, während unsere MG-Salven an der schweren Panzerung abprallten. Wir wurden einfach überrollt. Die Kolosse fuhren über unsere Stellung hinweg und beschossen die rückwärtigen Artilleriestellungen. Erst dort hinten konnte der Angriff schließlich aufgehalten und zurückgeschlagen werden. Die feindlichen Fußsoldaten indes kamen bis an uns heran und konnten teilweise in den Schützengraben eindringen. Ich sah einen Russen, der bereits im Begriff war in den Graben zu springen und schoss mit dem Karabiner. Er riss die Arme hoch, ließ die Maschinenpistole fallen und stürzte kopfüber in unseren Graben."

Der Erzähler hält kurz inne. „An der Front bist du kein Mensch mehr. Man wird wie ein Tier, alles ist auf das nackte Überleben ausgerichtet."

„Tags darauf erwischte es auch meinen Schützen I. Ein Granatwerfereinschlag riss ihm beide Beine ab. Wir schleppten ihn unter schwerem Beschuss auf einer Zeltplane in die rückwärtigen Stellungen zum Verbandsplatz, wo er bald darauf verstarb.
Am 19. Oktober schließlich traf es mich. Ein Explosivgeschoss drang in mein linkes Auge. Ich spürte einen glühend-brennenden Schmerz und das Auge lief sogleich aus. Mit einer Begleitperson wurde ich

zurückgeschickt, während das Gefecht weiterging. Alle paar Meter in Deckung werfen, dann wieder „Sprung auf, Marsch Marsch", bis zum Verbandsplatz. Von dort wurde ich sofort per Lkw ins nächstgelegene Lazarett verlegt und am 22.10.'43 am Auge operiert. Wenige Tage später lag ich im Lazarettzug Richtung Westen, ins tschechische Troppau. In der dortigen Augenklinik wurde meine Verwundung weiter behandelt und schließlich bekam ich in Dresden mein erstes Glasauge eingesetzt. Seitdem bin ich 30-prozentiger Kriegsinvalide.

An die Front musste ich von nun an nicht mehr. Trotzdem war der Krieg für mich, der ich mittlerweile Unteroffizier war, noch nicht zu Ende. Da mir als Landwirt der Umgang mit Tieren vertraut war, wurde ich zum „Heimatpferdepark" nach Straßburg versetzt. Dorthin kamen verwundete oder erkrankte Pferde, um von Stabsveterinären behandelt und anschließend aufgepäppelt zu werden. Nach erfolgreicher Behandlung wurden die Tiere dann von uns wieder ausgeliefert und kamen erneut zum Einsatz. Im Spätherbst 1944 erhielten wir den Auftrag, für eine neu aufgestellte Einheit bei Lauffen am Neckar eine große Anzahl von Pferden auszuliefern. Zusammen waren wir um die dreißig Mann Begleitpersonal. Dort angekommen hieß es plötzlich: „Straßburg ist von den Amerikanern eingenommen. Ihr könnt nicht mehr zurück!" *(Straßburg wurde am 23. November 1944 von der 7. US-Armee erobert).* So wurde der Hallschlag in Bad Cannstatt mein nächster Bestimmungsort, ebenfalls eine „Genesungskompanie" für Pferde. Die Hauptbeschäftigung dort bestand darin, Stallwache bei Nacht zu halten und evtl. Feuerholz zu sägen. Eines Morgens, nachdem ich Stallwache gehabt hatte, kam ich etwas später zum Frühstück und traf dort völlig unverhofft auf einen alten Schulkameraden aus Iggingen: Anton Pflieger! Natürlich gab es ein großes „Hallo". Er war ebenfalls kriegsversehrt und seitdem dort auf dem Hallschlag in der Schreibstube beschäftigt. Schon bald verhalf er mir zu einem interessanten Job: Ich durfte von nun an immer Blutproben von Pferden nach Schwäbisch Gmünd in die Bismarckkaserne zur Auswertung überbringen. Meine Kontaktperson dort war ebenfalls ein guter Bekannter: mein Nachbar Knecht aus Brainkofen. Ihm übergab ich immer das Köfferchen mit den Reagenzgläsern und bekam es von ihm, zusammen mit den Befunden, wieder zurück. In

der Zwischenzeit hatte ich öfters Gelegenheit einen Abstecher nach Hause zu machen.
Die Strecke Cannstatt – Schwäbisch Gmünd und zurück fuhr ich natürlich mit dem Zug und erlebte dabei auch einen Luftangriff auf den fahrenden Zug. Dieser hielt plötzlich auf offener Strecke und die Fahrgäste flüchteten panisch ins Freie. Während ich noch sitzen blieb konnte die Flak, die auf dem Zug mitfuhr, die Flugzeuge zum Abdrehen zwingen.

Im März/April 1945 rückte die Front bedrohlich nahe an Bad Cannstatt heran. Schließlich erhielten wir den Befehl alles zusammenzupacken und mitsamt den Pferden und dem Tross nach Breithülen bei Münsingen auf der Alb umzuziehen – um nicht zu sagen „zu fliehen". Ob beritten oder zu Fuß, jeder musste zwei, drei Pferde mitführen, insgesamt immer noch an die sechzig Tiere. Reiten hatte ich noch in der Ausbildung gelernt; ein Luxus, der den späteren Jahrgängen nicht mehr vergönnt war. Zu meiner Zeit aber gab es noch eine militärische Ausbildung wie in Friedenszeiten.

Von nun an waren wir praktisch ständig auf der Flucht und es begann eine Odyssee kreuz und quer durch Südwestdeutschland. Auch unsere Kolonne wurde unterwegs von Jagdbombern angegriffen und wir hatten Verluste an Mensch und Tier. Von Breithülen ging es Richtung Leutkirch am Bodensee. Irgendwann hieß es: „Wir müssen zurück Richtung Westen, denn von Osten nähert sich der Russe!" In Heiligkreuztal im Allgäu schließlich löste sich unsere Einheit Ende April auf. Die dort ansässigen Bauern nahmen natürlich bereitwillig unsere Pferde entgegen, während der Kommandant uns die Entlassungspapiere aushändigte. Mein Freund Anton hatte für diesen Tag bereits vorgesorgt und Zivilkleider herangeschafft. Wir beide suchten zunächst Unterschlupf auf einer hochgelegenen Almhütte, wo es noch einmal kräftig geschneit hatte. Verständlicherweise waren wir dort nicht sonderlich willkommen. Ebenso auf den Gehöften, wo wir uns anschließend in den Heuschobern versteckten. Anfang Mai, der Krieg war noch nicht zu Ende, lagen wir in einem Dorf in einer Scheune versteckt, als die Bauersleute zu uns kamen. Sie erklärten, dass die Franzosen eingerückt seien und die Bevölkerung aufgerufen hätten, versteckte deutsche Soldaten zu melden. „Wir möchten euretwegen keine Unannehmlichkeiten haben, versteht das bitte!" Also meldeten wir uns und gingen somit, trotz Entlassungspapieren, in französische Kriegsgefangenschaft.

Im Gefangenenlager bei Tuttlingen hieß es: „Alle Kriegsversehrten und Kranken melden!" Anton und ich waren beide kriegsversehrt, also folgten wir dem Aufruf. Es meldeten sich aber offenbar weit mehr als die Lagerführung erwartet hatte, denn natürlich hoffte jeder dadurch nach Hause zu kommen. Doch daraus wurde nichts. Wir wurden als arbeitsfähig eingestuft und schließlich von Kehl aus in offenen Waggons nach Südfrankreich zur Zwangsarbeit geschafft.

Der Transport ging durch ganz Frankreich bis in ein Internierungslager in den Pyrenäen nahe der spanischen Grenze. Dort trafen wir ebenfalls auf einen jungen Igginger: Bernhard Stütz. Doch leider trennten sich unsere Wege schon bald wieder. Bernhard musste in ein Bergwerk zum Erzabbau und sollte erst spät aus der Gefangenschaft heimkehren. Anton und ich kamen zur Arbeit in die Weinberge an der Mittelmeerküste. Zwischen 20 und 25 Deutsche waren dort in einem verlassenen Gehöft untergebracht. Die Entfernung nach Deutschland war groß genug, so dass nur einmal am Tag eine Wache vorbeischaute. Außerdem war auf allen Kleidungsstücken die wir hatten groß das „PG" für prisonnier du guerre (Kriegsgefangener) aufgenäht.

Nachdem ich meine Augenprothese herausgenommen und sie den Franzosen unter die Nase gehalten hatte, wurde mein Kriegsversehrtenstatus anerkannt und ich musste lediglich in der Küche helfen. Anton dagegen musste raus in die Weinberge. Seine Devise jedoch lautete: „Ich arbeite für die Franzosen keinen Handstreich!" Also legte er sich den Tag über irgendwo in den Weinbergen unter einen Baum, kehrte abends mit den anderen wieder zurück und hatte meistens noch von irgendwoher eine Flasche Wein „organisiert".
Die Versorgung mit Nahrungsmitteln war schlecht und wir hatten ständig Hunger. Zentnerweise stahlen wir deshalb Weintrauben und vor allem Feigen, die zum Glück dort gediehen. Zu Weihnachten bekamen wir ein Kuheuter – für 25 Personen.

Zuletzt wurden Anton und ich noch nach Agde und dann nach Sète, weiter nördlich an der Mittelmeerküste, verlegt. Dort musste auch ich noch einige Zeit im Straßenbau arbeiten und wir wurden von ehemaligen Kriegsgefangenen der Deutschen bewacht. Später sollte ich erfahren, dass in Sète zur selben Zeit auch mein Nachbar Karl Knecht in Gefangenschaft war.

Am 30. April 1946 – also ziemlich genau ein Jahr nach der Gefangennahme im Allgäu – war ich wieder zu Hause. Anton Pflieger kehrte erst viel später heim.

Hans Baur bei der Grundausbildung in Bruyères (Frankreich/Vogesen) 1942

Zur Person:

Geboren am 04.09.1923 als Drittältester von sieben Geschwistern, wächst Hans Baur auf dem elterlichen Hof an der Leinzeller Straße in Brainkofen auf. Von 1930 bis 1937 geht er jeden Tag zu Fuß nach Iggingen in die Schule. Er absolviert eine Landwirtschaftslehre und übernimmt den Hof. Im Mai 1942 muss er zur IG-Ersatzkompanie 215 nach Bruyères in den Vogesen einrücken, wo die militärische Grundausbildung erfolgt. Anfang 1943 wird er wie sein Schulkamerad Georg Maier *(siehe Seite 103 ff.)* nach Heilbronn zur 101. Jägerdivision versetzt. Allerdings kommt dieser ins Regiment 229 und nicht wie Hans Baur zu den 228ern. Nach der schweren Verwundung in der Südukraine bekommt Hans Baur das Silberne Verwundetenabzeichen, sowie das EK2 verliehen.

1956 heiratet er seine Frau aus Iggingen vom „Sorgahof" (Widmann), mit der er 1993 ins neue Haus (Leinzeller Straße 8) gleich oberhalb der alten Hofstelle umzieht und dort bis heute lebt.

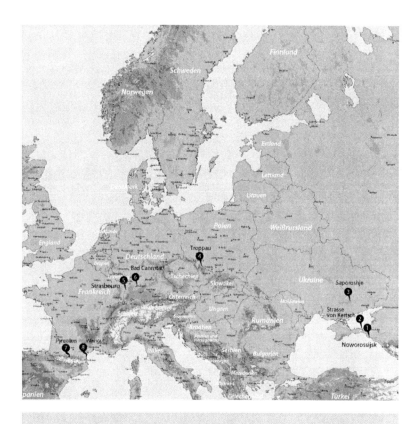

❶ **Noworossijsk/Russland** / Kampfhandlungen – August 1943
❷ **Straße von Kertsch** / Kuban-Brückenkopf
❸ **Saporoshje** (heutige Ukraine) / Wotanstellung, Verwundung am 19. Okt. 1943
❹ **Troppau/Tschechien** / Augenklinik
❺ **Straßburg** / Heimatpferdepark
❻ **Bad Cannstatt/Hallschlag** / Pferdegenesung November 44 – April 45
❼ **Pyrenäen** / Internierungslager (Ort nicht genau bekannt)
❽ **Mittelmeerküste** / Weingut nahe Perpignan

„Anton, komm hier rüber zu mir. Von hier hast Du eine hervorragende Stellung!"

„Ich hatte mit meinem MG schon zwei Patronengurte verschossen, so dass der Lauf bereits glühend heiß war. Unteroffizier Albert Hoss lag 4 bis 5 Meter rechts von mir. Der gelernte Metzger kam aus Stuttgart, wo seine Eltern eine Fleischerei betrieben. Er war der einzige in unserem zusammengewürfelten Haufen, den ich schon seit ein paar Wochen kannte. Ich wollte ihm gerade antworten, als das MG plötzlich Ladehemmung hatte. „Warte!", rief ich zurück „Ich muss schnell den Lauf wechseln, ich hab Ladehemmung!" Ich musste schreien um den Gefechtslärm zu übertönen und machte mich sogleich hektisch an die Arbeit, den Lauf zu wechseln.

Zusammen waren wir vier Mann, die hier als Spähtrupp losgeschickt worden waren und plötzlich unter schweren Beschuss kamen: Hoss, der Schütze II mit den Munitionskoffern, ein Feldwebel, der einige Meter hinter mir in Stellung lag und ich als Schütze I. Wir gehörten einer Kampfgruppe von höchstens 40 bis 50 Mann an, die alle aus irgendwelchen versprengten Einheiten stammten. Uns gegenüber lag eine polnische Panzerdivision, die gänzlich aus Überläufern bestand. Sie waren nach dem Einmarsch in Polen unter deutsches Kommando gezwungen worden und mussten an unserer Seite kämpfen.

11

Wenig verwunderlich, dass viele von ihnen bei einer günstigen Gelegenheit zum Feind überliefen. Aus diesen Überläufern hatten die Amerikaner eine eigenständige Division gebildet, die wir nun in der Nähe der belgisch-niederländischen Grenze bei Baarle-Nassau zum Feind hatten und die uns sowohl an Mannstärke als auch materiell (durch amerikanische Waffen) haushoch überlegen war. Dennoch war es uns schon seit Tagen gelungen, die Division in Schach zu halten und am weiteren Vorrücken zu hindern.

Das MG war wieder schussbereit und ich wollte mich gerade aufmachen meine Stellung zu wechseln, als eine Granate hinter mir einschlug. Ich hörte den Feldwebel laut aufschreien und auch der Schütze II, der links von mir lag, krümmte sich vor Schmerzen. Mein Freund Albert dagegen konnte nicht einmal mehr schreien. Bei derartigen Kampfhandlungen trugen wir stets mehrere Stil- und Eierhandgranaten mit uns. Ein Granatsplitter traf direkt auf eine der Handgranaten, die sich der Unteroffizier in die Koppel gesteckt hatte, und sie explodierte...

Gegen den Granatwerferbeschuss konnten wir nichts weiter ausrichten, außerdem war ich der einzige, der nichts abgekriegt hatte. Also mussten wir uns schleunigst zurückziehen. Der Feldwebel war von Granatsplittern förmlich durchsiebt, lebte aber noch. Zusammen mit dem Schützen II, der „nur" zwei oder drei Splitter abbekommen hatte, packte ich ihn auf ein Stück Zeltplane und wir machten uns kriechend auf den Rückzug. Als Zeichen, dass wir Verwundete zurückbringen wollten, befestigte ich mein Taschentuch an einem Gewehrlauf und hielt es hoch. Trotzdem wurden wir beschossen bis wir außer Sichtweite waren.

Die Stimmung im Haufen war denkbar schlecht. Der Oberleutnant, der die Einheit anführte, rief uns zusammen und verkündete: „Also Männer, der Feind hat uns eingekesselt. Aber wir sind Soldaten und haben einen Eid geschworen. Überlaufen werden wir nicht. Der Gefangenschaft allerdings können wir uns nicht entziehen. Es kann sich nur noch um Tage handeln. Jetzt hätte ich nur noch eine Bitte. Ich bräuchte unbedingt das Soldbuch von Unteroffizier Hoss!"

Es entstand eine Pause, in der der Oberleutnant von einem zum anderen blickte und Reaktionen abwartete. Er pflegte einen eher kameradschaftlichen Umgang mit uns; das formale Kasernenhofgehabe hatten wir längst abgelegt. Natürlich hätte der Offizier auch einen von uns auswählen und ihm den Befehl dazu erteilen können. Aber er suchte einen Freiwilligen. Das Soldbuch war ein wichtiges Dokument, das bei Gefangennahme oder Tod den Angehörigen übersandt wurde. Obwohl er mich nicht direkt ansah, fühlte ich mich angesprochen und herausgefordert. „Das bin ich meinem Freund schuldig", sagte ich mir und hob die Hand.

Das Gelände, auf dem wir uns befanden, bestand aus Weideflächen, die von Hecken, Zäunen oder Gräben durchzogen und abgegrenzt wurden. Im Schutze eines Grabens machte ich mich sofort wieder auf den Weg zu der Stelle, wo Albert gefallen war.
Dem Leser mag dieser Auftrag aus heutiger Sicht höchst fragwürdig erscheinen. Denn zum einen war es sehr unwahrscheinlich, dass ich das Soldbuch finden würde, zumal ich ja wusste was mit Albert geschehen war. Zum anderen wurde mit mir erneut ein Soldat und ein Menschenleben aufs Spiel gesetzt. Aber so war es eben. Der Einheitsführer hatte entschieden, das Soldbuch aufzufinden und ich hatte mich dafür gemeldet.

Ich befand mich bereits dort, wo kurze Zeit zuvor das Gefecht stattgefunden hatte und begann in tiefster Gangart mit der Suche. Die einbrechende Abenddämmerung bot mir einen willkommenen Schutz, als ich plötzlich in einigen Metern Entfernung an einem Weidezaun die zerfetzte Uniformjacke des Kameraden hängen sah. Einzelheiten über den Anblick, der sich mir bot, möchte ich dem Leser ersparen. Um es kurz zu machen: Ich fand in der Jacke tatsächlich das fast unversehrte Soldbuch und ich schaffte es wieder unbehelligt zurück zu meiner Kampfgruppe.

„Beirle, dafür würden sie eigentlich das EK 1 bekommen! Aber ich fürchte, das würde ihnen nichts einbringen. Denn morgen gehen wir ohnehin in Gefangenschaft. Und dann hätten Sie damit nur Nachteile", so der Oberleutnant. Über Lautsprecher waren wir immer wieder aufgefordert worden uns zu ergeben. Jetzt wurde uns ein Ultimatum gestellt. Falls wir uns bis morgen früh zu einem bestimmten Zeitpunkt nicht ergeben haben sollten, bekämen wir schweres Artilleriefeuer. Der Zeitpunkt verstrich und der Artilleriebeschuss kam, konnte uns jedoch keine Verluste zufügen. Als nächstes wurden wir von Jagdbombern angegriffen und dann von zahlreichen Panzern immer weiter eingeschnürt. Am 3. Oktober 1944 um 13.00 Uhr gingen wir schließlich in Gefangenschaft.

„Wo sind die anderen. Wo sind die anderen!!", schrien uns die Polen immer wieder an. Doch es gab keine anderen. Sie konnten nicht glauben, dass unsere Einheit nur aus so wenigen Männern bestand. Unter strenger Bewachung marschierten wir in Richtung Sammellager, wo wir auf weitere gefangene Einheiten treffen sollten. Kurz nachdem wir abmarschierten, richtete ich eine Bitte an einen der Wachsoldaten: „Dort drüben, wenige Meter von hier ist mein Freund gefallen. Dürfte ich ihn beerdigen?" Die Antwort war ein Hieb mit dem Gewehrkolben in mein Kreuz.

Während der letzten Tage hatte es sehr viel geregnet und die Weideflächen, auf denen sich das Sammellager befand, standen teilweise völlig unter Wasser. Auf einer solchen Wiese mussten wir in Fünferreihen antreten und uns hintereinander ins Wasser setzen. Einen ganzen Tag lang mussten wir so dasitzen ohne uns zu regen. Viele von uns holten sich dabei die Ruhr und starben in den folgenden Tagen und Wochen. Die noch übrig waren wurden an die Amerikaner übergeben. Ich verbrachte die nächsten Monate in einem großen Gefangenenlager nahe Lille (Frankreich), von wo wir jeden Tag in ein Vorratslager der Amis gebracht wurden, um dort verschiedene Arbeiten zu verrichten. Zu Hause war ich inzwischen als vermisst gemeldet und es war keinem von uns möglich, ein Lebenszeichen von sich zu geben. Im Lager machte irgendwann die Nachricht von der großen „Rundstedt-Offensive" die Runde. Einige „Hundertprozentige" glaubten felsenfest daran, dass dieser Rundstedt uns hier raushauen würde. Offenbar glaubten auch die Amerikaner an eine Befreiung, bzw. befürchteten es, denn das Lager wurde für einige Wochen von Panzern umstellt. Doch dazu kam es nicht und so wurden wir am 26. Mai 1945 (also bereits nach der deutschen Kapitulation) den Franzosen übergeben, um hier auf unbegrenzte Zeit Wiedergutmachung zu leisten.

Da ich groß und kräftig war und selbst aus der Landwirtschaft kam, wurde ich von einem französischen Großgrundbesitzer namens Cavenne ausgewählt. So kam ich am 2. Juni '45, meinem zwanzigsten Geburtstag, auf dessen Gutshof in Mont d'Origny im Nordosten Frankreichs, nahe St. Quentin. Mit dem Verwalter des Gutes verstand ich mich von Beginn an sehr gut und weil mir der Umgang mit Pferden vertraut war, wurde ich schon bald als Fuhrmann angestellt. Ich hatte 4 Zugpferde und das Reitpferd des Gutsbesitzers zu versorgen. 10 Leute arbeiteten ständig auf dem Gut; zur Erntezeit kamen noch um die 30 Saisonarbeiter hinzu. Neben Weizen und Raps wurden hier hauptsächlich Zuckerrüben angebaut, außerdem noch etwa 50 Rinder gehalten und über 600 Schafe. Außer mir waren noch zwei weitere deutsche Kriegsgefangene hier: Walter und Egon. Letzterer stammte aus der Nähe von Köln und war im zivilen Leben Lehramtsstudent gewesen. Aufgrund seiner hervorragenden Französischkenntnisse war er auf das Gut gekommen und wurde meist mir zur Seite gestellt, um mir zur Hand zu gehen. Wir wurden schnell dicke Freunde. Der Verwalter konnte uns zusammen überall hinschicken: Raus auf die Felder, die Weiden oder in die Zuckerrübenfabrik. Das Zusammenleben mit den Franzosen auf dem Hof und auch im Dorf blieb in der Regel ohne Zwischenfälle. Es gab wie überall eben solche und solche. Ein besonders gutes Verhältnis hatten wir zur Familie des Schäfers. Die Tochter des Schäfers, Yvette, meinte es oft gut und ließ uns, versteckt in ihrer Schürze, die eine oder andere Ration Brot oder Kuchen zukommen.

Obwohl es uns eigentlich nicht schlecht ging, hatte natürlich jeder von uns Heimweh! Seit ich auf dem Gut war, pflegte ich wieder regelmäßigen Briefkontakt mit zu Hause und erfuhr, dass mein Vater verstorben war. Meine Geschwister fragten in den dann folgenden Briefen immer wieder: „Wie lange musst Du noch dort bleiben? Wann kommst Du endlich heim? Wir bräuchten dich hier dringend!"
So reifte in mir mehr und mehr der Gedanke an eine Flucht! Egon war natürlich der erste, den ich einweihte und er war sofort Feuer und Flamme. Walter dagegen, der aus einem der ehemaligen deutschen Ostgebiete stammte, sagte nur verbittert „Ich hab kein zu Hause mehr. Wo soll ich hin?"
Anfang 1947 begannen wir unsere Flucht von langer Hand vorzubereiten

Auf dem Gutshof in Mont d'Origny.
Vorne Anton Beirle, hinten links Walter, rechts Egon.

und teilten uns nur ganz wenigen „sicheren" Personen mit. Auf Umwegen gelang es uns an Kartenmaterial zu kommen. Egon war im Krieg Bordfunker bei der Luftwaffe gewesen und hatte sich dort umfassende Kenntnisse in Orientierung und Navigation erworben. Gemeinsam bauten wir einen Kompass, der – mit Rückspiegel und Marschrichtungszahlen versehen – höchsten Ansprüchen gerecht wurde. Da für Egon der kürzeste Weg nach Hause quer durch Belgien führte, richteten wir unseren Plan danach aus. Wir schätzten, dass wir es in 14 Tagen bis nach Deutschland schaffen könnten. In der Nacht des 19. auf den 20. April war es schließlich soweit. Da wir auf dem Gutshof nicht bewacht wurden, konnten wir uns ohne Probleme davon machen. Walter hatten wir eingeschärft, sich am nächsten Morgen dumm zu stellen und so zu tun, als ob er keine Ahnung habe, wo wir sind.

Für Zivilisten war in Frankreich auf die Erfassung eines entflohenen Kriegsgefangenen eine ordentliche Belohnung ausgesetzt. Zudem waren auf den Jacken, die wir trugen, am Rücken die Buchstaben „PG" für „prisonnier de guerre" (Kriegsgefangener) aufgenäht. Wir ließen diese Jacken absichtlich an, um erst gar nicht in Versuchung zu kommen in Frankreich bei Tag oder durch eine Ortschaft zu marschieren. Zwar hatten wir Kleider zum Wechseln dabei, wollten diese aber erst in Belgien anziehen, um dort nicht durch zerschlissene Kleidung aufzufallen.

Wir marschierten nur bei Nacht, während wir uns tagsüber irgendwo im Unterholz versteckt hielten und ausruhten. Neben unserem Kompass halfen uns der Polarstern und der Moosbewuchs der Bäume bei der Orientierung. Schon nach wenigen Tagen näherten wir uns der französisch-belgischen Grenze, wo wir auf ein Hindernis stießen. Die Grenze bildete ein Flüsschen, dessen Strömung und Tiefe sich als unüberwindbar herausstellte. So sehr wir auch danach suchten, wir fanden keine geeignete Stelle zur Überquerung. Doch wir hatten Glück. Noch in derselben Nacht zog ein schweres Unwetter auf und ließ eine der Pappeln, die den Flusslauf säumten, umstürzen. Im Morgengrauen gelangten wir über den umgeknickten Baumstamm nach Belgien.

Obwohl Belgien ebenfalls mehr als vier Jahre von den Deutschen besetzt gehalten worden war, fühlten wir uns von nun an etwas sicherer. Mit der anderen Kleidung, die uns als Waldarbeiter tarnen sollte, trauten wir uns auch bei Tag zu marschieren. Prompt wurden wir von einer Polizeistreife angehalten...
„Jetzt nur nicht nervös werden und bloß nichts anmerken lassen". Französisch war und ist Amtssprache in Belgien und das beherrschte auch ich mittlerweile soweit, dass wir sicher waren, uns aufgrund mangelnder Sprachkenntnisse nicht zu verraten. Sobald aber jemand von uns einen Ausweis oder Pass verlangen sollte, wäre alles vorbei, denn etwas Derartiges besaßen wir natürlich nicht. „Wo wollt ihr denn hin?" lautete die Frage des Streifenführers. „Wir sind Waldarbeiter und kommen gerade von der Arbeit", antworteten wir auf französisch. Ich fühlte wie mir heiß wurde, während ich versuchte, dem prüfenden Blick des Polizisten stand zu halten. Schließlich kam das erlösende „Entendu!" und die Streife fuhr weiter.

Wir verpflegten uns größtenteils von dem, was wir in unseren Rucksäcken mitgenommen hatten. Yvette hatte uns haltbare Konserven und auch Schokolade mitgegeben. Wir tranken aus Bachläufen, Gräben und Dachrinnen oder molken bei Gelegenheit eine Kuh auf der Weide. Nach elf Tagen und Nächten, in denen wir jeweils zwischen 40 und 50 Kilometern zurückgelegt hatten, befanden wir uns am Morgen des 30. Aprils ganz in der Nähe der belgisch-deutschen Grenze. Es war gegen 4 Uhr morgens und wir waren gerade im Begriff uns wieder

ein Versteck für den Tag zu suchen, als wir an einer Wegbiegung mit einer Grenzpatroullie zusammenstießen. Ich überlegte noch kurz, ob wir wegrennen sollten, sah aber sofort, dass es sinnlos war. Erneut erklärten wir, dass wir Waldarbeiter seien. „Dann müssen Sie sich ausweisen!" lautete die Antwort.

Kurze Zeit später fanden wir uns auf einem Polizeirevier wieder, wo sich schnell herausstellte, dass wir entflohene Kriegsgefangene waren. Ich möchte an der Stelle betonen, dass wir von den belgischen Beamten ausgesprochen freundlich behandelt wurden.

Nachdem ich einige Tage in einer Einzelzelle zugebracht hatte, wurde ich abtransportiert zur Arbeit in einen Steinbruch. Über das weitere Schicksal von Egon wusste ich nichts.

Im Steinbruch arbeiteten mehrere Dutzend deutsche Gefangene. Untergebracht waren wir in großen Zelten auf einfachen Feldbetten. Neben mir lag ein ehemaliger SS-Mann. Vom ersten Tag, an dem ich dort war, hatte ich nur einen Gedanken: Flucht. Ich war mir sicher, auch von hier einen Fluchtversuch zu wagen und machte mich schon bald an die Vorbereitungen.

Wir mussten eine Erklärung unterschreiben, in der sinngemäß stand, dass wir im Falle einer Flucht unter dasselbe Gesetz wie ein belgischer Soldat fallen würden und damit fahnenflüchtig wären. Fahnenflucht wird bekanntlich mit dem Tod bestraft.

Der Belgier, der an der Steinschlagmaschine arbeitete, war ein sehr netter Mensch und sollte zu meinem wichtigsten Fluchthelfer werden. Nach Feierabend half ich ihm oft noch an der Maschine und konnte mir die dabei angesammelten Überstunden in der Kantine als Lebensmittel oder Tabakwaren ausbezahlen lassen. Ich tauschte dabei immer Dinge ein, von denen ich wusste, dass sie in Deutschland derzeit nur schwer oder gar nicht zu bekommen waren. Auf der Flucht würden mir solche Dinge sehr nützlich sein, dessen war ich mir sicher. Erneut machte ich mich daran einen Kompass zu basteln. Um den alten hatten sich die Grenzbeamten nach unserer Gefangennahme förmlich gerissen. Mit dem Taschenmesser begann ich nun aus einem Stück Brett eine kreisrunde Vertiefung als Gehäuse herauszuschnitzen.

Für die Kompassnadel hielt ich eine Rasierklinge so lange über eine Kerze, bis sie sich mit der Schere in die nötige Form schneiden ließ. Nach Feierabend legte ich unauffällig meine künftige Kompassnadel in die Magnetspule des Motors, der das Förderband neben der Steinschlagmaschine antrieb, und holte sie am nächsten Morgen wieder heraus. Das wiederholte ich einige Male, bis die Nadel stark genug magnetisiert war. Als Hauptproblem erwies sich die Besorgung eines geeigneten Lagers für die Kompassnadel. Doch schließlich besorgte mir mein belgischer Freund einen kupfernen Druckknopf von einem Kleidungsstück. Aus einer Glasscherbe schnitt ich ein passendes Stück als Abdeckung für das Gehäuse heraus und mein Kompass war fertig.

„Haust Du ab? Willst Du abhauen?!" Der SS-Mann sah mich erwartungsvoll an. „Wie kommst Du denn darauf?", gab ich zur Antwort. „Ich sehe es doch, Du packst deine Sachen. Ich will mitkommen. Bitte nimm mich mit!" Ich trat dicht an ihn heran und sah ihm direkt in die Augen. „Hör mir genau zu", sagte ich. „Du kannst mitkommen. Aber sei Dir darüber im Klaren, dass es nur zwei Möglichkeiten gibt. Entweder wir kommen durch, oder wir sind erledigt. Du weißt, was wir unterschreiben mussten." Er schluckte kurz und sagte dann: „Ich mach, was Du sagst. Aber nimm mich mit."

Auch diesmal erwies sich das Entkommen als relativ einfach, denn hier im Steinbruch gab es ebenfalls keine Bewachung. In der Nacht des 29. auf 30. Juni machten wir uns davon. Mit belgischer Hilfe war ich wiederum an Karten gekommen und so kamen wir anhand des Kompasses gut voran. Nord-Nord-Ost war die Richtung die wir halten mussten. In der dritten Nacht unserer Flucht näherten wir uns der belgisch-deutschen Grenze bei St. Vith. Wir standen am Fuße eines bewaldeten Hangs und blickten nach oben. „Nur noch da hoch, dann bin ich in Deutschland", dachte ich mir und stapfte los. Genau in diesem Moment wurde wenige Meter vor uns im Unterholz etwas aufgeschreckt und brach los. Hätte mich in dem Augenblick jemand gestochen, ich hätte keinen Tropfen Blut gegeben, so erstarrt waren wir beide vor Schreck. Sollten wir jetzt noch geschnappt werden, wo wir das Ziel schon vor Augen hatten? Wir verharrten noch eine ganze Weile ohne uns zu rühren und lauschten angestrengt in die Dunkelheit. Vielleicht war es doch nur ein Reh, oder gar einer unseresgleichen? Wir schlichen weiter und schafften es tatsächlich unentdeckt auf die deutsche Seite.

Am nächsten Morgen erzählten wir einem Bauern ganz in der Nähe der Grenze von unserer Flucht und von dem Schrecken kurz vor dem Ziel. „Das war garantiert ein Schmuggler", meinte dieser. „Der Schmuggel hat in letzter Zeit so zugenommen, dass sogar die Armee an der Grenze eingesetzt wird. Dass ihr da durchgekommen seid, ist fast ein Wunder!"

Ja, wir befanden uns jetzt auf deutschem Boden, allerdings in der französischen Besatzungszone. In Sicherheit waren wir also noch nicht. Der SS-Mann und ich trennten uns ab hier. Er ging seine Wege und ich meine. Der Bauer hatte mir noch einen wertvollen Tipp gegeben. Ganz in der Nähe arbeiteten Fernmeldeelektriker, die aus Baumholder kamen. Es war Freitagnachmittag und gegen „Bezahlung" in Zigaretten wurde ich gerne im Lkw mitgenommen. Mit Schokolade und Zigaretten bestach ich am darauf folgenden Tag noch einige Bahnhofvorsteher und Schaffner und durfte so meist unbehelligt im Versehrtenabteil mitfahren. Am Bahnhof Ludwigshafen wandte ich mich erneut an den Mann mit der roten Mütze, den Vorsteher. „Heute Nacht um 12 fährt ein Kohlenzug über den Rhein nach Mannheim rüber. Ich geb' dem Lokführer Bescheid, dann kannst Du im Bremserhäuschen mitfahren", flüsterte er und blickte verstohlen umher, während er die Schokolade einschob. Direkt neben dem Bahnhof befand sich ein französisches Armeelager. Der Rhein zwischen Ludwigshafen und Mannheim bildete die Grenze zur amerikanischen Besatzungszone und damit zur endgültigen Freiheit.

Kurz nach Mitternacht setzte sich der Zug mit mir als „Blinder Passagier" im Bremserhäuschen in Bewegung. Sowohl körperlich als auch nervlich war ich völlig am Ende. Die letzten Tage hatten an meinen Kräften gezehrt. Ich musste an Egon denken und was wohl ihm widerfahren war.

Wir befanden uns bereits auf der Rheinbrücke als der Zug angehalten wurde. Ich blickte nach draußen und sah Scheinwerfer und Taschenlampen aufleuchten. „Sie leuchten die Waggons ab und auch unter dem Zug suchen sie alles ab", erklärte mir der Zugführer grinsend. „Die hätten dich geschnappt!"

Aber sie haben mich nicht geschnappt und am 06. Juli 1947, also eine Woche nach meiner Flucht aus dem belgischen Steinbruch, wurde ich von meinen Geschwistern am Bahnhof in Hussenhofen in die Arme geschlossen."

Anton Beirle schlägt sein Kriegstagebuch zu. Während seiner Erzählung hatte er immer wieder in den vergilbten Seiten nachgeschlagen, vor allem wenn es um genaue Daten ging. In Kampfpausen oder unterwegs beim Marschieren hatte er diese Eintragungen gemacht. Nicht ganz ohne Stolz präsentiert er mir seinen Kompass: „Er ist nicht schön, aber er funktioniert auch heute, nach fast 60 Jahren, noch tadellos!"
Auf meine Frage welche Rolle die Kriegserlebnisse heute noch in seinem Leben spielen, holt er tief Luft und antwortet: „Ich hab schon zu meiner Frau gesagt: Seit Du das erste Mal hier warst und ich angefangen habe zu erzählen, bin ich wieder im Krieg. Alles ist plötzlich aufgewühlt und auch nachts träume ich wieder davon!"

Granatwerferausbildung in Biarritz (Südwestfrankreich) 1944. Anton Beirle in der Bildmitte mit Schreibzeug.

Zur Person:
Anton Beirle wurde am 02.06.1925 in Iggingen auf dem elterlichen Hof an der Hauptstraße geboren. Von Januar bis Juli '43 wird er zum Reichsarbeitsdienst eingezogen und rückt bereits am 27. Juli nach Straßburg ein, wo er bei der 344. Infanteriedivision zum MG-Schützen ausgebildet wird. Nach einem Lehrgang am Granatwerfer

in Biarritz (Südwestfrankreich) kommt seine Einheit in der Normandie als Füsilierbatallion zum Einsatz, mit dem Auftrag, den Rückzug von SS-Einheiten zu sichern. A. Beirle erlebt dort verheerende Szenen.

Anfang der 70er Jahre reist er mit seiner Familie nach Frankreich, um dort das Dorf Mont d'Origny und den Gutshof Cavenne zu besuchen. Es hatte sich nicht viel verändert. Viele Leute auf dem Gut und auch im Dorf kannten ihn noch gut und entsprechend groß war die Wiedersehensfreude. Ein ganz besonderes Wiedersehen gab es auch am 80. Geburtstag von Anton Beirle 2005. Da kam nämlich Egon zu Besuch mit seiner Frau Yvette – ja genau: Die Yvette aus Frankreich, die Tochter des Schäfers.

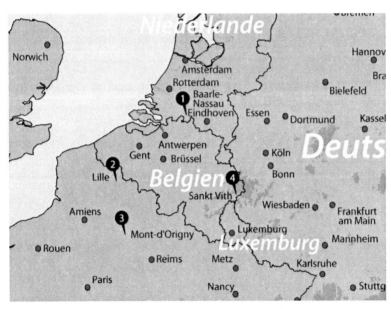

❶ **Baarle-Nassau/Niederlande** / Kampfhandlung am 3. Oktober 1944
❷ **Lille/Frankreich** / Gefangenenlager
❸ **Mont-d'Origny/Frankreich** / Gutshof „Cavenne",
  Flucht am 19./20. April 1947
❹ **Sankt Vith** / Grenzübertritt nach Deutschland (franz. Besatzungszone)
  am 03. Juli 1947

07.08.2006 JOSEF CZERWINSKI

„Es ist wie auf einem Sklavenmarkt", dachte ich bei mir. Die Bauern – oder meistens die Bäuerinnen – begafften uns, feilschten und stritten sich um uns und versuchten offensichtlich abzuschätzen, wer für welche Arbeit am besten taugen könnte. Zusammen mit etwa zehn anderen Männern und Frauen aus Polen stand ich hier vor dem Arbeitsamt Schwäbisch Gmünd und wartete darauf, was das Schicksal weiter mit mir vorhatte. Das Mädchen neben mir drängte sich dicht an mich und immer wieder flüsterte sie mir ängstlich zu: „Ich will mit Dir zusammen bleiben. Mach, dass ich bei dir bleiben kann".

Ich hatte Sie erst vor wenigen Tagen im Sammellager bei Ulm kennen gelernt. Dorthin waren wir zusammen mit Tausenden anderen künftigen Zwangsarbeitern verbracht worden. Jeder einzelne wurde dort von Dolmetschern nach seiner Ausbildung und nach besonderen Fertigkeiten befragt. Ich hatte keinen Beruf erlernt und von frühester Kindheit an in der elterlichen Landwirtschaft mitgeholfen. Also wurde ich den Landarbeitern zugeteilt.

Es war für mich, genauso wie für dieses Mädchen und wohl auch für alle anderen, eine schlimme Situation. Mit gerade mal 18 Jahren von zu Hause weggerissen und ins Unbekannte und Ungewisse verschleppt zu werden. So spendete man sich eben gegenseitig

Trost und versuchte sich etwas Mut zu machen. „Hab keine Angst", hatte ich immer wieder in unserer polnischen Muttersprache zu ihr gesagt „es wird schon nicht so schlimm werden. Spätestens an Weihnachten dürfen wir bestimmt auf Urlaub nach Hause!" In meinem Heimatdorf im polnischen Galizien waren vor mir schon einige Männer und Frauen zur Zwangsarbeit verschickt worden und waren das eine oder andere Mal auf Heimaturlaub gewesen.

Ich drückte fest die Hand des Mädchens und antwortete: „Vielleicht haben wir ja Glück und kommen wenigstens in denselben Ort." Doch wenige Minuten später trennten sich unsere Wege für immer. Ich musste mit einem alten Bauern mitgehen. Wohin das Mädchen kam habe ich nie erfahren.

Der Bauer schritt schweigend voran und ich trottete hinterher. In meiner Hosentasche umklammerte ich den hölzernen Rosenkranz, den ich zur Kommunion geschenkt bekommen hatte. Außer den Sachen, die ich am Leib trug und meiner Geburtsurkunde war dieser Rosenkranz das einzige, was ich von zuhause hatte mitnehmen können. Ich hing meinen Gedanken nach, als uns plötzlich eine Frauenstimme etwas hinterher rief. Der Bauer drehte sich um und als er die junge Frau auf sich zukommen sah, erkannte er sie offenbar und begann mit ihr zu reden. Natürlich verstand ich kein Wort. Sie hatte ebenfalls einen polnischen Zwangsarbeiter im Schlepptau und während sie angeregt auf den Bauern einredete, zeigte sie immer wieder auf mich und auf meinen Landsmann. Langsam erahnte ich, was sich hier abzeichnete: Ein Tauschhandel. Die Bäuerin wollte mich gegen ihre Hilfskraft eintauschen. Jedenfalls machten wir kehrt und gingen alle vier zurück zum Arbeitsamt, wo dieser Austausch abgesegnet wurde. Bis heute weiß ich nicht, was genau die Gründe waren und wie es dazu kam. Später erfuhr ich, dass der Bauer aus Utzstetten war und ein Bekannter meiner Bauernfamilie.

So kam ich an diesem Tag, dem 30. Juli 1942, nach Iggingen, nicht ahnend, dass es für mich eine neue Heimat werden würde und ich dort den Rest meines Lebens verbringen sollte. Denn mein erster Eindruck von Iggingen war alles andere als positiv. „Was für ein gottverlassenes Nest", dachte ich mir. Sicher war mein polnisches Heimatdorf Horpin auch nicht gerade der Nabel der Welt, aber dieses Iggingen kam mir doch sehr trist vor.

Der Hof der Familie Höfer, Hausname „Wolfele", auf den ich kam, wurde von fünf Frauen bewirtschaftet. Die alte Bäuerin mit ihren vier Töchtern: Marie, die Älteste, Berta, die Netteste, Helene, kurz „Höll" genannt, was alles sagt, und Luise, die Jüngste, die mich abgeholt hatte. *Der* Jüngste der Familie allerdings war der Bauer, der sich im Krieg in Russland befand und weswegen ich hier war.

Die Begrüßung auf dem Hof fiel äußerst kühl aus und ich wurde sofort in den Stall geschickt, das Vieh zu füttern. Zwischen 30 und 40 Stück Vieh galt es zu versorgen, davon 9 Milchkühe, außerdem noch Schweine und eine ganze Menge Hühner. Mein engster Vertrauter für die nächsten Jahre aber wurde der „Braune". So wurde das Pferd genannt, mit dem ich fortan täglich fast alle Feld- und Waldarbeiten verrichtete. Ihm zur Seite standen noch zwei Zugochsen als Ersatz für die zwei anderen Pferde, die zum Kriegsdienst eingezogen worden waren. Vieles auf dem Hof, kannte ich von daheim nicht und war somit völlig neu für mich. Es gab eine Getreideschneidmaschine, eine Dreschmaschine, eine Sämaschine und einen Pflug, der ganz aus Eisen war. Natürlich funktionierten die Maschinen alle rein mechanisch, motorisiert war noch lange nichts. Doch das alles bereitete mir keine Probleme. Schon bald konnte ich alle Maschinen allein bedienen und anspannen, den Umgang mit Pferden und Ochsen war ich schon von zuhause gewohnt. Viel schlimmer war das Heimweh und die Einsamkeit um mich herum. Es gab keinen Menschen, mit dem ich reden konnte und der mir zuhörte. Noch oft musste ich an das Mädchen denken, das ich so gerne wieder gesehen hätte.

Untergebracht war ich allein im Ausdinghaus, das sehr einfach ausgestattet war und etwas abseits des stattlichen Bauernhauses stand. Eine Waschgelegenheit gab es dort nicht, weswegen ich mich jeden Morgen unter dem Wasserhahn im Stall waschen musste. Luise war für die Zubereitung des täglichen Mittagessens

zuständig. Die Mahlzeiten durfte ich mit den Frauen am Tisch ein-
nehmen, doch es wurden keinerlei Anstalten gemacht, mich irgendwie in ihre Unterhaltungen mit einzubeziehen. Dafür lauschte ich
ihnen aufmerksam zu und schneller als sie es erwartet hätten, verstand ich ganze Brocken von dem, was sie sagten.

Der Hof, das merkte ich bald, war in Iggingen einer der größten und
wohlhabendsten. Obwohl Krieg war, fehlte es eigentlich an nichts.
Von Zeit zu Zeit kam der Metzger Maier aus Leinzell und dann wurde
– verbotenerweise – geschlachtet. Einige Wurstdosen traten dann
auf dem Feldpostweg ihre Reise an die russische Front an.

Im „Adler" waren zu dieser Zeit französische Kriegsgefangene inter-
niert, die ebenfalls zwangsarbeiten mussten. Einige bei der Firma
Hans Kaiser, die damals auch Beinprothesen und Gewehrschäfte
herstellte, andere bei der Möbelschreinerei Schürle und manche in
der Landwirtschaft. Jeden morgen wurden sie vom Adler aus losgeschickt, jeder an seinen Bestimmungsort und zu einer bestimmten
Zeit nach Feierabend musste jeder wieder zurück sein. Oft dacht'
ich bei mir: „Die haben es besser als ich, haben wenigstens einen
Feierabend und sind unter ihresgleichen."

Nicht einmal der sonntägliche Kirchgang war uns Zwangsarbeitern
gestattet. Dieses Verbot kam von höchster Stelle. Offenbar wollten die Nazis nicht, dass wir „Untermenschen" zusammen mit der
„Herrenrasse" Gottesdienste feierten. Pfarrer Frick jedoch setzte
sich zumindest an hohen Feiertagen wie Weihnachten und Ostern
über dieses Verbot hinweg und dann durften auch wir zur Kirche
kommen.

Mit der Zeit lernte ich Landsleute kennen, die bei anderen Bauern in
Iggingen waren, was mir etwas über meine Einsamkeit hinweg half.
Vor allem der Peter, der beim Schulzenbauer arbeitete und schon
länger hier war, wurde ein guter Freund von mir.

Der Kriegsverlauf gestaltete sich aus deutscher Sicht zunehmend
negativ, was ich natürlich auch mitbekam. Immer mehr alte Männer und noch halbe Kinder wurden eingezogen. Der Krieg, der vor

fast sechs Jahren in meiner Heimat begonnen hatte, war nun nach Deutschland selbst gekommen. Die Feldarbeit wurde teilweise zu einem gefährlichen Unterfangen, denn immer wieder überflogen amerikanische Tiefflieger unser Gebiet und schossen mit ihren Bordkanonen auf alles, was sich unter ihnen bewegte. Das große „P" auf meiner Jacke, das alle polnischen Zwangsarbeiter aufnähen mussten, konnten die Piloten natürlich nicht erkennen. Iggingen wurde immer wieder überflogen, vor allem wenn Angriffe gegen Heubach geflogen wurden. Im April '45 wurden dann verstärkt Flugblätter abgeworfen, die in polnisch, russisch oder französisch abgefasst waren. Darin wurden wir zunächst informiert, dass das Kriegsende unmittelbar bevorstand. Ein paar Tage später wurde der genaue Termin genannt, an dem die Amerikaner bei uns einmarschieren würden und wie wir uns dabei verhalten sollten.

Die Spannung stieg. An verschiedenen Ortseingängen wurden nun Panzersperren errichtet. Auch ich musste mit meinem Braunen einige Baumstämme für die Sperre an der Böbinger Straße herschleppen. Doch nachdem am 20. April Gmünd besetzt wurde und die Panzer näher rückten, bekamen es doch einige in Iggingen mit der Angst zu tun. Auf einmal wollte man die feindlichen Truppen „nicht provozieren" und eiligst wurden die Baumstämme wieder weggeräumt.

Am 22. April war es schließlich soweit: Amerikanische Truppen rückten ohne Zwischenfälle mit Panzern und Militärfahrzeugen in Iggingen ein. Das ganze ging einher mit einem seltsamen Wandel mancher Bauern oder Bäuerinnen, die einen Zwangsarbeiter hatten. Es gab einige buchstäbliche Kniefälle mit dem Flehen: „Bitte, sag nichts Schlechtes über mich aus!!" Tatsächlich waren unter den Soldaten Söhne oder Enkel von russischen und polnischen Emigranten, die die Muttersprache perfekt beherrschten und auch mich befragten, wie es mir ergangen wäre. Doch ich hatte nichts Schlechtes zu berichten.

Auf dem Hardt wurde ein Lager für befreite polnische Zwangsarbeiter eingerichtet. Dasselbe gab es für russische Zwangsarbeiter in der Bismarckkaserne. Viele, die sich dort einfanden, unternahmen von dort aus in den folgenden Wochen und Monaten Rache- und Plünderungsaktionen in den umliegenden Dörfern und Gehöften. Übergriffe und Gewalttaten waren fast an der Tagesordnung, teilweise sogar mit Todesfolge. Auch ein junger Igginger aus der Pfalzgasse wurde Opfer der Gewalt, als er mit dem Fahrrad am Herlikofer Berg unterwegs war. Eine Bande Polen oder Russen lauerte ihm auf und zwang ihn sein Fahrrad herzugeben. Als er sich weigerte, schlugen sie ihn tot.

Der einzige „Racheakt", den ich ausübte, war folgender: Während des Krieges war es gang und gäbe, dass Kinder Spott- und Hämeverse auf uns Zwangsarbeiter dichteten und diese dann, aus sicherer Entfernung, zum Besten gaben. Der Frechste und Vorlauteste unter ihnen hatte aber offenbar nicht mitbekommen, dass das Blatt sich gewendet hatte und die Vorzeichen nun andere waren. Also verpasste ich ihm beim nächsten Mal eine Tracht Prügel, an die er sich garantiert bis heute erinnert.

Das Kriegsende rückte unaufhaltsam näher und für mich drängte sich mehr und mehr die Frage auf: „Was tun??" Aus einem Briefwechsel mit meinen Geschwistern wusste ich, dass mein Heimatdorf Horpin inzwischen zur Sowjetunion gehörte und unser Elternhaus niedergebrannt war. Außerdem lebten alle meine Geschwister irgendwo sonst in Polen. Also traf ich nach reiflicher Überlegung und sehr zur Erleichterung meiner Bauernfamilie die Entscheidung, als freie und nun auch bezahlte Arbeitskraft hier zu bleiben."

Josef Czerwinski beugt sich nach vorne und hebt den Zeigefinger:
„Als der Bauer nach ein paar Jahren aus der Gefangenschaft zurückkehrte sagte er einige Male zu mir: „Josef wenn Du nicht gewesen wärst würde der Hof heute nicht so dastehen. Ich hab dir viel zu verdanken."

„Mit nichts bin ich hier angekommen, heute hab ich ein schuldenfreies Haus und meine drei Söhne haben es auch alle zu etwas gebracht."

Nachkriegszeit in Iggingen:
Josef Czerwinski mit Gespann und Leiterwagen in der Hauptstraße.
Links im Hintergrund der Kirchberg, rechts die Hofstelle Dolderer (Kirchaschreiner).

Zur Person:

Josef Czerwinski wird am 11.12.1923 im polnischen Dorf Horpin (Kreisstadt Kamionka) geboren, das noch während des Krieges von den Sowjets annektiert wird und heute zur Ukraine gehört. In Iggingen, wo ihn bis heute alle den „Polen-Seff" nennen, arbeitet er bis 1954 auf dem Hof der „Unteren Wolfeles" (Untere Gasse) und findet dann eine Anstellung bei der Firma Gross/Hussenhofen. Inzwischen lernt er seine Frau, die aus Herlikofen stammt, kennen und bereits 1959/60 wird in der Sturzäckerstraße ein Haus gebaut, wo das Ehepaar bis heute lebt. In sein Heimatdorf oder überhaupt nach Polen ist Josef Czerwinski nie mehr gereist. Der hölzerne Rosenkranz, der immer noch in der Küche über dem Kruzifix hängt, ist das einzige Erinnerungsstück an seine alte Heimat.

„Je näher die Russen kamen, umso mehr häuften sich die Schre-
ckensmeldungen. Von Gräueltaten wurde erzählt und was sie vor
allem Mädchen und jungen Frauen alles antun würden. Umso er-
staunter und erleichterter war ich, als die ersten Russen, die ich
sah, freundlich von einem Lkw zu mir herunter winkten. Es war der
1. Mai 1945 und ich war gerade mit dem Fahrrad unterwegs durch
unser Örtchen Reichenau (Nordmähren) zu meiner Mutter, als sie
an mir vorbei fuhren. Zu meiner Mutter sagte ich dann: „Ich weiß
gar nicht was ihr alle habt, die Russen sind doch ganz nett."
Als ich wieder durch das Dorf zurückradelte, begegnete ich bei der
Kirche meinem Onkel, der mich ganz aufgeregt zu sich herwinkte:
„Mach dass Du hier wegkommst. Verschwinde! Und mach' unbedingt deinen Schmuck ab. Den reißen dir die Russen sonst gleich
weg", raunte er und blickte dabei immer wieder nervös umher.
Verunsichert fuhr ich weiter. Eigentlich trug ich keinen auffälligen
Schmuck. Nur Ohrringe und eine Armbanduhr – nichts Besonderes.
Plötzlich wurde ich von einem Motorrad mit zwei jungen Russen
überholt und mir der Weg versperrt, so dass ich anhalten muss-
te. Mir stockte der Atem und ich traute mich kaum aufzublicken.
Wo es denn nach Ziegenfuß ginge, hörte ich einen der beiden auf
Deutsch fragen. Ziegenfuß war unser Nachbardorf und etwa 5 km

entfernt. Mit zitternder Stimme wies ich ihnen den Weg und das Motorrad brauste davon.

Zuhause hatten sie sich bereits Sorgen gemacht. Denn auch meine Schwiegereltern wussten inzwischen, dass die Russen nun im Dorf waren.

Meinen Mann Josef hatte ich seit mehr als zwei Jahren nicht mehr gesehen. Im März '43 hatte er die 8 Tage Sonderurlaub bekommen, weil er bereits zu diesem Zeitpunkt schon fast zwei Jahre ununterbrochen an der russischen Front gewesen war. Also nutzten wir den kurzen Urlaub, um zu heiraten. Gleich nach unserer Trauung war er nach Frankreich verlegt und dort verwundet worden. Ein Widerstandskämpfer schoss ihm durch den Bauch und das Geschoss blieb in der Nähe der Wirbelsäule stecken. Eine Operation erschien den Ärzten zu gefährlich, also beließ man das Geschoss, wo es war. Das letzte, was ich von ihm gehört hatte war, dass er inzwischen in Oberitalien, in der Nähe von Modena, stationiert sei.

Die folgende Nacht verbrachte ich sicherheitshalber auf dem Dachboden. Doch an Schlaf war nicht zu denken. Überall in der Stadt hörte man Schüsse, Schreie und das Grölen der Soldaten. Ich zitterte vor Angst und konnte kein Auge zutun. Das Schlimmste war: Die Schreie und Schüsse kamen immer näher und drangen immer lauter an mein Ohr. Ich hörte genau, wie sie bereits bei unseren Nachbarn waren und das Haus plünderten. „Ich muss hier weg", durchfuhr es mich „Ich muss wegrennen. Hier oben werden sie mich finden." Noch während ich darüber nachdachte, wo ich am besten hinrennen sollte, wurde es plötzlich ruhig. Der Morgen graute bereits, die Russen hatten offenbar genug und schliefen ihre Räusche aus. Erschöpft stieg ich vom Dachboden herunter.

Die alte Frau Löschinger aus unserer Nachbarschaft kam zu uns gelaufen. Sie war kreidebleich und stand sichtlich unter Schock. Mit leeren Augen erzählte sie uns, was in der Nacht alles geschehen war. Nun war es also wahr geworden, was man sich über die Russen erzählt hatte. Es wurde geraubt, geschlagen, gemordet und vergewaltigt, junge Mädchen ebenso wie alte Frauen. Menschen wurden in den Selbstmord getrieben. Familienväter wurden gezwungen die Lampe zu halten, während ihre Frauen und Töchter brutal vergewaltigt wurden.

Seit einigen Tagen hielten sich bei uns im Haus auch mein Bruder Franz und sein Kamerad aus Tirol, der ebenfalls Franz hieß, versteckt. Die beiden hatten erkannt, dass der Krieg so gut wie verloren war und es sich nur noch um Tage handeln konnte bis Deutschland kapitulieren würde. Wozu also weiter sein junges Leben aufs Spiel setzen? De facto waren die beiden natürlich fahnenflüchtig und würden, falls sie die deutsche Militärpolizei erwischte, standrechtlich erschossen. Die wiederum hatten im Moment genug Sorgen, nicht selbst von Russen erwischt und erschossen zu werden. Zusammen mit meinem Bruder und dem Tiroler beratschlagten wir, was wir weiter tun sollten. Etwa das Dorf verlassen und uns irgendwo verstecken bis alles vorbei war? Aber wo und vor allem wie lang? Jedenfalls entschlossen wir uns, die nächste Nacht im Wald zu verbringen. Nicht weit hinter unserem Hof begann eine ausgedehnte Waldfläche, wo wir uns bei Einbruch der Dunkelheit im dichten Unterholz verkrochen. Dabei hatten wir nur ein Problem: Der „Tiroler Franz" hatte einen Hund bei sich. Sollte sich in der Nacht irgendjemand unserem Versteck nähern, würde der Hund uns durch sein Gebell sicher verraten. So schwer es uns auch fiel, wir mussten das Tier irgendwie loswerden. Also versuchten wir mehrmals den Hund wegzujagen, doch immer wieder kehrte er mit wedelndem Schwanz zu uns zurück. Schließlich nahm mein Bruder sein Gewehr und schoss. Er verfehlte ihn knapp, doch der Vierbeiner jaulte kurz auf und rannte davon.
In dieser Nacht wiederholten sich die schrecklichen Ereignisse des Vortages und der Lärm der marodierenden Soldaten drang bis in unser Versteck vor.

„Bei unseren Nachbarn auf dem Dachboden bist Du sicher, Maria. Das sind alte Leute und bei denen waren die Russen schon!" Mein Schwiegervater konnte mich nicht ansehen, während er das sagte. Er wusste so gut wie ich, dass ich nirgendwo sicher war.

Der Dachboden war nur über eine schmale Leiter durch eine Dach- luke zu erreichen. Von oben verbarrikadierte ich den Raum bis hoch zum First mit Strohgarben, so dass mir nur noch ein kleiner Raum als Versteck blieb. Wer die Luke von unten öffnete sollte den Eindruck gewinnen, dass der ganze Dachboden voller Strohgar- ben war. Einige Tage und Nächte verbrachte ich dort oben. Nur manchmal räumte ich das Stroh beiseite und kletterte hinunter, um etwas zu essen, oder es wurde mir etwas hoch gereicht. Doch meistens konnte ich nichts essen. Inzwischen waren die Russen auch in unser Haus gekommen, um zu plündern. Dabei entdeckten sie in meinem Kleiderschrank eine Fotographie von mir. „Wo ist Frau! Frau soll kommen!" drängten sie immer wieder auf meine Schwiegereltern ein. „Die Frau lebt nicht mehr. Sie ist vor kurzem gestorben", antwortete mein Schwiegervater. Sie durchsuchten das ganze Haus, den Stall und die Scheune von oben bis unten. Schließlich gaben sie auf und zogen weiter.

Tags darauf schlich ich von meinem Versteck herunter, um kurz rüber in unser Haus zu gehen. Ich war sehr erleichtert zu sehen, dass es meinen Schwiegereltern so weit gut ging und ihnen nichts angetan worden war. Sie erzählten mir, dass die Russen das ganze Haus auf den Kopf gestellt hatten, nachdem sie mein Foto ent- deckt hatten.

Sofort packte ich alles zusammen, was mich hätte verraten können und wollte mich gerade wieder auf den Weg in mein Versteck ma- chen, als es an unserem Tor wild pochte und laut gerufen wurde. An dem gebrochenen Deutsch hörte ich sofort, dass es russische Soldaten waren. Ich überlegte kurz: Zu den Nachbarn rüber konnte ich jetzt nicht mehr. Dabei würde ich mit Sicherheit gesehen wer- den. Ich rannte durchs Haus nach hinten raus, über die Wiese und dann den Hang hoch. Doch in einem der angrenzenden Höfe stand das Tor offen und von der Straße aus sahen mich einige Russen den Hang hoch rennen. Ich hetzte auf der anderen Seite den Hang runter und bei einer ehemaligen Schulfreundin von mir zum Hinter- eingang rein und gleich vorne zum Tor wieder raus. Einige Schüs- se fielen, während ich durch den Bach sprang und mich in das dichte Gestrüpp am anderen Ufer hechtete. Dort drückte ich mich flach auf den Boden und vergrub mein Gesicht in den Händen.

Einige Salven wurden in den Bach abgefeuert. Mein Puls raste und ich versuchte das Atmen zu unterdrücken, obwohl ich nach Luft rang. „Jetzt ist es aus! Jetzt erschießen sie mich!", sagte ich zu mir. Immer wieder peitschten Schüsse ins Wasser und ich fragte mich, ob sie tatsächlich mir galten oder ob die Russen nur so herumballerten. Jedenfalls blieb ich regungslos liegen bis es dunkel wurde, ich keine Schüsse mehr hörte und auch sonst alles ruhig war. Im Schutz der Dunkelheit schlich ich nach Hause.

Ein paar Tage später saß ich zusammen mit einer alten Frau auf den großen Weideflächen am Ortsausgang Richtung Landskron. Neben uns im Gras lag ein russischer Soldat und döste vor sich hin. Unter seiner Obhut musste ich mit der Frau zusammen Kühe hüten, die die Russen von überall her zusammengetrieben hatten. Der Krieg war inzwischen zu Ende und die Tschechen waren von nun an die Herren im Land. Wir Deutschen wurden enteignet und mussten fortan für die Tschechen als Knechte und Dienstboten, teilweise auf den eigenen Höfen, arbeiten. So war ich von einem tschechischen Beamten zum Kühe hüten eingeteilt worden. Die Russen waren zwar immer noch da, zogen aber nach und nach ab. Plötzlich fuhr ein Armeelastwagen, auf dem ein gutes Dutzend Russen saß, aus Reichenau Richtung Landskron an uns vorbei. Als sie uns zwei Frauen dort sitzen sahen, hielten sie sofort an und sprangen herunter. Wir stießen den Soldaten neben uns an und er sprang sofort hoch, mit der Waffe im Anschlag. Er war schon im mittleren Alter und strahlte auf mich etwas Väterliches aus. In einem sehr barschen Ton wies er die jungen Kerle zurecht und sie kletterten wieder auf den Lkw. Als der Wagen an uns vorbei fuhr, sah ich im letzten Moment, dass auf der Pritsche noch zwei Mädchen saßen, die ich beide kannte. Eine davon war eine Schulkameradin von mir. Wie ich später erfuhr, waren sie für Offiziere nach Landskron entführt worden, wo sie allerdings nach einer Woche fliehen konnten.
Das Entsetzen stand mir und der alten Frau noch ins Gesicht geschrieben, als wir uns wieder ins Gras sinken ließen. Ich wusste nicht, wie ich dem Russen danken sollte, der mich beschützt hatte. Doch er sagte nur: „Russkie schlecht, Nemzy schlecht, Russkie gut, Nemzy gut"" ((russisch) Nemzy = Deutsche)

Zur Person:

Maria Grolig (geb. Peichl) wird am 19.04.1920 im nordmährischen Reichenau geboren (Kreis Mährisch-Trübau). Aus ihrer Heimat wird sie zusammen mit Millionen anderer Sudetendeutscher im Frühjahr 1946 vertrieben. In einem Auffanglager in der Nähe von Sinsheim trifft sie – mit Hilfe des DRK-Suchdienstes – endlich ihren Mann Josef wieder. Zunächst finden die beiden im Badischen auf einem Hofgut Arbeit. Nach Iggingen ziehen die Groligs 1955 und bereits zwei Jahre später wird das Haus in der Rosensteinstraße gebaut, wo das Paar bis heute wohnt.

Die Heimat der Groligs gehört heute (wieder) zur Tschechischen Republik.

P.S. Die Kugel steckt bis heute im Rücken von Josef Grolig, gleich neben der Wirbelsäule.

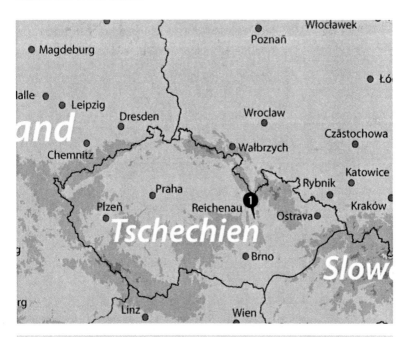

❶ **Reichenau/Nordmähren** / *Dorf Reichenau (tschech. = Rychnov),*
Kreis Mährisch-Trübau

Ostfront 1944 – Heeresgruppe Mitte – 25. Panzerdivision.
„Es war dieselbe Division, die wir zu Beginn des Russlandfeldzuges vor uns hergetrieben und der wir schwere Verluste zugefügt hatten. Jetzt 1944 lief die Sache umgekehrt. Die Russen hatten von uns gelernt, den Gegner blitzartig zu umzingeln und einzukesseln. Ca. 50 km östlich von Minsk wurde im Mai der Ring um uns geschlossen. Auf Hilfe von außen war zu diesem Zeitpunkt längst nicht mehr zu hoffen. Also entschlossen wir uns mit allen verfügbaren Kräften einen Ausbruch aus dem Kessel zu versuchen. Der Durchbruch gelang – den meisten von uns jedenfalls. Mir auf meinem Lkw und vielen anderen reichte es nicht mehr hinter die feindlichen Linien...

Mein letzter Fronturlaub lag erst wenige Wochen zurück. Im April hatte ich für 12 Tage nach Hause gedurft – zum Heiraten. Am 22. April 1944 hatte die Trauung in Hussenhofen stattgefunden, meine Frau Berta kam von dort. Der Abschied wenige Tage später war voller Tränen. Natürlich sagte ich, was jeder Soldat beim Abschied zu seiner Liebsten sagt: „Ich komme zurück, ich bin bald wieder bei dir!" Und jetzt, kurze Zeit später, geriet ich in russische Kriegsgefangenschaft!

Es waren Zivilisten, genauer gesagt Partisanen, die uns gefangen nahmen. Schon das war eigentlich ein Wunder. Denn Partisanen machten für gewöhnlich keine Gefangenen. Zunächst sah es auch ganz danach aus, als würden sie mit uns kurzen Prozess machen. Wir wurden gezwungen uns unter einen ihrer Panzer zu legen. Somit war klar, was sie vorhatten: Eine ganze Drehung mit dem Panzer und wir waren erledigt und Munition gespart. Neben mir lag ein junger Leutnant aus Stuttgart. Ich sehe noch deutlich seine in Todesangst weit aufgerissenen Augen vor mir. Als der Motor ansprang hatten wir mit dem Leben abgeschlossen. Ich drehte meinen Kopf zur Seite und sah plötzlich aus einiger Entfernung Frauen aus dem nahe gelegenen Dorf wild gestikulierend auf den Panzer zulaufen. Das Motorengeräusch war zu laut um zu verstehen, was sie riefen, aber es muss wohl „Njet, njet" gelautet haben. Die Partisanen waren hauptsächlich junge Burschen, teilweise noch halbe Kinder. Jedenfalls begannen sie zu lachen und ließen von uns ab. Mit zitternden Knien, aber unsagbar erleichtert, krochen wir unter dem Panzer hervor.

In den nächsten Tagen wurden wir in die Nähe von Moskau transportiert. Dort verlud man uns mit Tausenden anderen Gefangenen in Güterwaggons zum Abtransport Richtung Osten. Über unser künftiges Schicksal ließ man uns völlig im Unklaren. Keiner von uns hatte eine Ahnung, wohin die Reise gehen sollte oder was mit uns geschehen würde.

In den Waggons, in denen wir zu fünfzig Personen zusammengepfercht waren, herrschten katastrophale Bedingungen. Man musste die meiste Zeit im Stehen verbringen, denn zum Liegen fehlte der Platz. Die Notdurft, die mit der Zeit immer spärlicher ausfiel, verrichtete ebenfalls jeder vor Ort. Jeden Tag gab es einen Eimer Wasser – pro Waggon, und für jeden Einzelnen eine Scheibe getrocknetes Brot. Einmal am Tag wurde die Tür aufgerissen und es hieß: „Wie viele tot?!" Die Toten wurden anschließend aus dem Waggon geworfen.

Wie lange wir in diesem Güterzug unterwegs waren, kann ich nicht mehr genau sagen. Acht oder zehn, vielleicht auch zwölf Tage. Wer die Zugfahrt überlebte, den erwartete ein zweitägiger Fußmarsch unter glühender Sonne durch die kasachische Steppe. Schließlich erreichten wir mit letzter Kraft ein Sammellager mitten in der Steppe. Dort wurden wir zuerst einmal gebadet, entlaust und halbwegs medizinisch betreut – von Deutschen. Das ganze Lager war deutsch geführt und organisiert. Die Russen waren hier nur Aufseher und übernahmen die Wachdienste. Jedenfalls bestand ich fast nur noch aus Haut und Knochen. Hinzu kam, dass wir uns auf dem Transport alle die Ruhr eingefangen hatten, was unsere und insbesondere auch meine Situation weiter verschlechterte. Ich erinnere mich genau, wie ich im Stockbett oben lag und einer der deutschen Sanitäter zu mir sagte: „Morgen früh können wir deine Ration schon mitessen!" Diesen Gefallen wollte ich den Burschen auf keinen Fall tun und versuchte in der Nacht meine Brotration zu kauen – so gut es eben ging. Dennoch wäre es fast so weit gekommen, wenn nicht Josef Abele gewesen wäre. Ich hatte ihn zuvor nicht gekannt, obwohl er aus Durlangen kam und schon längere Zeit im Lager war. Ihm waren im russischen Winter beide Beine abgefroren, so dass sie kurz unter den Knien amputiert werden mussten. Inzwischen hatte er dort, wo früher seine Unterschenkel waren, zwei Holzstümpfe und konnte sich mit Hilfe von Krücken fortbewegen. „Mir Schwoba misat zammahalta", sagte er lachend zu mir. „Wart, I breng dr ebas!". Er brachte mir drei rohe Zwiebeln, die ich essen sollte. Zwei davon schaffte ich und siehe da: Ich wurde tatsächlich meine Ruhr los.

Mit gekochten Gurken, die gesüßt und zugleich gesalzen waren, wurden wir aufgepäppelt und mein Zustand stabilisierte sich zusehends. Das war auch so beabsichtigt, denn inzwischen war klar, dass man uns noch zu etwas gebrauchen wollte. Nachdem wir soweit bei Kräften waren, um erneut einen mehrtägigen Fußmarsch durchzustehen, marschierten wir zu unserem eigentlichen Bestimmungsort: ein „Gulag" (russisch: Arbeitslager) für Kohleabbau.

Das Lager war von einem Zaun umgeben, der zwei Meter tief im Boden eingegraben war und drei Meter in die Höhe ragte. „Wozu?", fragte ich mich in den nächsten Jahren immer wieder. Wir befanden uns inmitten einer Einöde, wo weit und breit keine Stadt oder irgendeine menschliche Ansiedlung zu sehen war und wussten auch nicht in welcher Entfernung und Richtung es so etwas gab.

Irgendwo „in der Nähe" sollte die Stadt Karaganda sein, die wir allerdings nie zu sehen bekamen. An Flucht war also nicht zu denken. In dem Lager arbeiteten mehrere tausend Kriegsgefangene im Dreischichtbetrieb Über- und Untertage, um Kohle zu fördern. Ich wurde einer Schlossereinheit zugeteilt. Unsere Aufgabe war es, die Schächte und die Aufzüge zu warten und außerdem neue Schächte zu planen. Die Schächte führten teilweise über 100 Meter in die Tiefe. Ich, der Stabsobergefreite Haldenwanger, wurde bald zum Schichtführer erklärt und hatte somit 8 bis 10 Leute unter mir. Unsere militärischen Dienstgrade galten nach wie vor, obwohl wir keine Uniformen mehr trugen, sondern Sträflingskleidung. Auch dieses Lager wurde von deutschen Offizieren geführt. Lediglich eine russische Ärztekommission untersuchte in regelmäßigen Abständen unseren Gesundheitszustand durch einen prüfenden Griff an die Gesäßbacken. Alles in allem muss ich sagen, dass die Behandlung durch die Russen in Ordnung war. Wer sich nichts zu Schulden kommen ließ und seine Arbeit machte, hatte keinerlei Probleme. Todesfälle aufgrund schlechter Haftbedingungen gab es also kaum. Wenn, dann eher durch Unfälle in den Schächten.

Im Mai 1945 teilte man uns mit, dass Deutschland kapituliert hatte und der Krieg in Europa somit zu Ende sei. Sofort flammte Hoffnung in uns auf: Kommen wir jetzt nach Hause?? Doch es sollten noch viereinhalb lange Jahre vergehen.
Während dieser ganzen Zeit war es uns nicht möglich irgendein Lebenszeichen von uns nach Hause zu schicken.
Wir lebten in Baracken zu dreißig Personen. Die Baracken waren einfachste Gebäude, bei denen die Außenwände eine Mischung aus Mist, Stroh und Lehm bildeten, die aber sowohl gegen die unerträgliche Sommerhitze, als auch gegen die sibirische Winterkälte einen erstaunlich guten Schutz boten.

Im Frühjahr 1949 durfte unser Freund Josef Abele (mein Lebensretter) mit anderen Schwerkriegsversehrten die Heimreise antreten. Natürlich freute ich mich für ihn, doch gleichzeitig kam eine Art Panik in mir auf. Wann darf ich heim, darf ich überhaupt jemals wieder heim??

Doch der ersehnte Tag kam. Am 2. November 1949, nachdem ich fünfeinhalb Jahre in Gefangenschaft war, durfte ich mit vielen anderen Kameraden die Heimreise antreten. Es war ein unbeschreibliches Gefühl: endlich nach Hause!

Die Zugfahrt, in deren Verlauf immer mehr mit Heimkehrern gefüllte Waggons an die Dampflok angehängt wurden, sollte 17 Tage dauern – bis nach Frankfurt/Oder. 17 Tage Zeit zum Nachdenken. Zur Vorfreude mischten sich immer mehr Ängste und quälende Fragen: Wird alles so sein, wie ich es in Erinnerung habe und es mir erträume? Hat sie auf mich gewartet, oder hat sie schon längst einen anderen? Leben meine Lieben überhaupt noch alle?! Meine Berta hatte ich seit unserer Hochzeit nicht mehr gesehen. Einer der letzten Briefe, den ich an meine Frau schrieb, rettete mir buchstäblich das Leben. Damals bei Smolensk, als wir drei an der herunter gelassenen Pritsche meines Lkws eine kurze Mahlzeit einnahmen: der Unteroffizier, mein Schulkamerad Karl Birzele aus Hohenstadt und ich. Plötzlich sagte ich zu den beiden, dass ich noch einen Brief an meine Frau schreiben möchte und ging nach vorn. Da tauchten die russischen Jagdbomber wie aus dem Nichts auf. Im Tiefflug feuerten sie ihre MG-Salven auf uns ab. Im letzten Moment konnte ich mich ins Führerhaus des Lkw retten, doch für meine beiden Freunde kam jede Hilfe zu spät.

Ich erwachte aus meinen Gedanken, als der Zug in einer kleinen russischen Ortschaft anhielt. Unser Kompanieführer hatte mich damit beauftragt, die Männer im Abteil zu verschiedenen Diensten einzuteilen. Diejenigen, die eingeteilt waren frisches Wasser zu holen, stiegen hier aus und liefen mit Eimern zum nächsten Brunnen. Sie waren noch nicht alle wieder zurück als sich der Zug plötzlich in Bewegung setzte und weiter fuhr. Wir schrien so laut es ging auf russisch: „Halt, Anhalten!!!!" Doch der Lärm der Lokomotiven übertönte alles und der Zug rollte unaufhaltsam weiter Richtung Westen. Sollte für diese Männer der Traum endlich nach Hause zu kommen hier zu Ende sein?
Ein halber Tag verging bis wir aus dem Fenster schauend weit hinter uns am Horizont die Rauchsäule einer Dampflokomotive auftauchen

sahen. Dieser Zug fuhr offensichtlich schneller als wir und kam näher. Irgendwann hatte er uns eingeholt und beide Züge stoppten. Es waren die vermissten Kameraden. Sie hatten es auf der Bahnstation geschafft, den Vorsteher unter Tränen davon zu überzeugen, dass für sie zwei Loks mit einem Waggon klar gemacht wurden, um uns hinterher zu fahren. Jedenfalls waren diese Männer fortan nicht mehr dazu zu bewegen, den Zug für irgendwelche Dienste zu verlassen.

Am 19. November erreichten wir schließlich Frankfurt/Oder im sowjetisch besetzten Teil Deutschlands. Es wurde uns gestattet von dort ein Telegramm nach Hause abzusetzen. Zwar hatte ich schon Josef Abele damit beauftragt unbedingt meiner Frau mitzuteilen, dass ich am Leben sei und es mir so weit gut gehe. Doch über unsere Heimkehr wusste bislang noch niemand Bescheid. Ich ließ also an die Poststelle Hussenhofen telegrafieren, dass wir noch heute in Göppingen ankommen und ob mich dort jemand abholen könnte.
Der russische Major, der für unseren Transport hierher verantwortlich gewesen war, war sichtlich gerührt, als er sich salutierend von uns verabschiedete und uns an das Deutsche Rote Kreuz übergab. Von jetzt an waren wir tatsächlich wieder freie Zivilisten. Die Schwestern vom DRK untersuchten uns auf Herz und Nieren und entlausten uns gründlich.

Der Ost-West-Konflikt war inzwischen voll im Gange. Also wurden wir anschließend nach Ulm gebracht, wo wir in einem Hauptquartier der amerikanischen Streitkräfte ausführlich befragt wurden. Man wollte genaue Einzelheiten über unseren „Russlandaufenthalt" wissen. Vor allem die Kohlegruben und die Bauweise der Schächte waren von besonderem Interesse.
So komisch es klingen mag, aber in Ulm wäre ich gerne noch ein oder zwei Tage geblieben, um mich zu akklimatisieren. Die Vorfreude und die Aufregung waren nun auf dem Höhepunkt. Nie hätte ich gedacht, dass das Heimkommen so schwer sein würde. Immer wieder stellte ich mir die Frage: „Was erwartet mich zuhause??"
Doch die Fahrt ging weiter, in Begleitung eines amerikanischen Offiziers, nach Göppingen. Wir fuhren Erster Klasse und der Offizier

versuchte sich etwas mit uns zu unterhalten, indem er z. B. fragte: „Na Jungs, wie hat es euch denn so gefallen da drüben?!"

Der Fahrlehrer Pflanz aus Gmünd war es, der mich und noch einen Heimkehrer in Göppingen abholte. Daheim in Hussenhofen wartete inzwischen die ganze Familie mit Nachbarn und Freunden auf der Straße vor dem Haus und alle konnten es kaum erwarten. Sie hatten bereits mehrere Stunden ausgeharrt und wollten gerade wieder ins Haus, als der Wagen vorfuhr. Ich stieg aus und konnte nach fünfeinhalb Jahren meine Berta wieder in die Arme schließen. Ja, sie hatte auf mich gewartet und Freudentränen flossen in Strömen über unsere Gesichter.
Ich wurde natürlich von allen umringt und fast erdrückt hätten sie mich!" *sagt Georg Haldenwanger und muss schlucken.*

Winter 1943/44: Georg Haldenwanger in einem Dorf, irgendwo in Russland.

Zur Person:
Georg Haldenwanger wird am 22.12.1916 in Schechingen als siebtes von neun Kindern geboren. Mit 13 Jahren verlässt er die Schule, arbeitet im Sägewerk Krieger (Schechingen) und macht dort eine Lehre zum Holzfacharbeiter. Bereits im Alter von 17 Jahren macht er den Führerschein (I und III) und ist somit später beim Militär immer als Lkw-Fahrer tätig. Der Reichsarbeitsdienst (RAD) führt ihn 1935

nach Leutkirch auf einen landwirtschaftlichen Betrieb. Die militärische Grundausbildung erfolgt beim 119. Infanterieregiment in der
Bismarckkaserne in Schwäbisch Gmünd. Den Frankreich- und den
Russlandfeldzug erlebt er beide von Beginn an und wird mit dem
EK 2 ausgezeichnet. In Russland erhält er außerdem noch die Win-
termedaille („Gefrierfleischorden"). Nach dem Krieg arbeitet Georg
Haldenwanger im Sägewerk in der Hirschmühle. Seine Frau Berta ist
eine Nichte des kinderlosen Ehepaares Abele (Hausname: 's „Sara")
auf der Hofstelle an der Brainkofer Str. 184. Damit der Hof nicht
verwaist, wird er an das junge Paar übergeben, wo Georg Haldenwanger bis heute lebt.

Der 19. November, der Tag seiner Heimkehr, wird jedes Jahr wie ein
zweiter Geburtstag in der Krone in Schönhardt gebührend gefeiert.

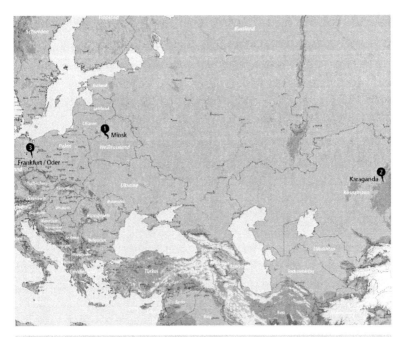

❶ *Minsk/Weißrussland* / 25. Panzerdivision, Gefangennahme Mai 44
❷ *Karaganda/Kasachstan* / Arbeitslager für Kohleabbau, bis Nov. 49
❸ *Frankfurt/Oder* / Übergabe u. Entlassung 19. November 1949

11.12.2007 MARIA KLAUS

„Vorsichtig hob ich den Kopf und spähte vor auf die Gmünder Straße. Das Motorengeräusch wurde lauter und mir stockte vor Aufregung fast der Atem. Obwohl mein Vater es ausdrücklich verboten
hatte uns jetzt vom Hof zu entfernen, waren wir abgehauen, um
die Amis zu sehen. Natürlich wollten wir möglichst die ersten von
Iggingen sein, die überhaupt amerikanische Soldaten sehen sollten.
Dort, wo heute das Leichenhaus und die Aussegnungshalle stehen,
war „Wilhelms Gütle". Auf einem Hügel versteckten wir uns und warteten gespannt – meine Schulfreundin Sophie Heilig, meine jüngere Schwester Regina und ich. Mein Bruder Karl und meine große
Schwester Hilde waren nicht dabei. Uns einfach so an die Straße zu
stellen um dort auf die Amerikaner zu warten, das trauten wir uns
doch nicht. Schließlich waren die Amis ja unsere Feinde und die Eltern hatten es uns vielleicht nicht zu unrecht verboten. Das Dröhnen
der Panzer und Fahrzeuge hatten wir schon von zuhause aus gehört
und waren abgehauen.

Dann war es soweit: Es muss am 22. April 1945, einem Sonntag,
um die Mittagszeit gewesen sein, als ein amerikanischer Jeep an
der Schule vorbei nach Iggingen hinein fuhr. Mit offenen Mündern
schauten wir dem Militärfahrzeug nach, bis es beim Jockenbauer

um die Ecke bog. Jetzt hielt uns nichts mehr. Das mussten wir den anderen Kindern und zuhause erzählen. Auf dem kürzesten Weg rannten wir quer über die Wiesen hoch ins Dorf und nach Hause. „Dia Amerikaner…. emma Jeep… mir hen se gseha wia se….“ Völlig außer Atem sprudelten wir vor unseren Eltern los. Dass wir nicht gehorcht hatten und abgehauen waren, daran dachten wir gar nicht mehr. Wir mussten einfach erzählen, was wir gesehen hatten.

Noch während wir von dieser „Sensation" berichteten, fuhr ein ganzer Militärkonvoi mit Panzern, Lkw und Jeeps ins Dorf rein und die Soldaten nahmen ein Haus nach dem anderen in Beschlag. Obwohl unser Hof (Strobels) ganz am östlichen Ortsrand „in den Höfen" lag, kamen sie auch zu uns und machten sich in unserem Haus breit. In einem Monat wurde ich zehn Jahre alt und war zu jung, um zu begreifen, was eine Horde Soldaten alles anrichten könnte. Doch bei meinen Eltern spürte ich deutlich, dass sie Angst hatten. Aber auch wir Kinder waren ziemlich eingeschüchtert angesichts des Auftretens und der Erscheinung der Fremden. Sahen wir doch zum ersten Mal Schwarze und flüsterten uns hinter vorgehaltener Hand ängstlich Dinge zu, wie etwa: „Guck amol, a Neger!"

Mit Gewehren im Anschlag stürmten die Besatzer ins Haus, bedienten sich an allem und wo sie wollten. Außerdem durchsuchten sie das Haus, indem sie in allen Schränken und Kommoden nachschauten und sogar unter den Betten und in den Bettrosten. Schließlich fragte mein Vater einen Soldaten, der offenbar etwas Deutsch konnte, wonach sie eigentlich suchten. „Nazibilder, Hitler, Fahne!", war die Antwort. „Da seid ihr bei uns an der falschen Adresse. Wir haben so etwas nicht." Mein Vater, den Iggingern bekannt als Strobels Franz, konnte dies guten Gewissens sagen, denn er war ein echter Nazigegner.

Doch auch das schützte uns nicht davor, unser Wohnhaus verlassen und in den Stall umziehen zu müssen. Mein Vater legte eine leere Box mit Stroh aus, die Mutter legte Laken darüber und fertig war unsere Bettstatt. Die Amerikaner richteten indessen in der Scheune, die ans Haus angrenzte, ihre Feldküche ein. Ihre Mahlzeiten nahmen die Soldaten, etwa zehn an der Zahl, in unserer Küche ein. Wir selbst durften das Haus nicht mehr betreten und vor allem unsere Eltern schauten immer wieder mit bangem Blick hinüber und stellten sich vor, wie es wohl mittlerweile dort aussah. Ihre Befürchtungen sollten sich später leider bestätigen.

Neben unserem Grundstück, wo heute die Häuser von Klaus und Andreas Widmann (jun.) stehen, befand sich der Obstgarten von Widmanns (Sorga). Dort stellten die Amerikaner große Geschütze auf, um damit nach Heubach hinüber zu schießen. Heubach hatte sich noch nicht ergeben und hielt sich noch einige Tage hartnäckig. Dann wurde aus den Geschützen direkt über den Stall, wo wir schliefen, hinweg geschossen – auch nachts. Als Kind hat man gewöhnlich einen guten Schlaf, so dass wir davon kaum etwas mitbekamen. Meine Eltern jedoch fanden in diesen Tagen gewiss sehr wenig Schlaf. Den beiden Mädchen, oder besser gesagt jungen Frauen, die sich bei uns auf dem Heuboden versteckten, erging es bestimmt genauso. Sie stammten aus unserer direkten Nachbarschaft und waren aus Angst vor den Amerikanern schnell zu uns in die Scheune geflüchtet und hielten sich hier die ganze Zeit versteckt.

Für die Soldaten waren das bestimmt angenehme und erholsame Tage – und was hätte dazu noch besser gepasst als Bier und Schnaps. Ständig waren sie auf der Suche nach Alkoholischem. Neben dem Stall ging es hinunter in unseren Gewölbekeller. Die Tür hatte mein Vater verschlossen. Doch schon vom ersten Tag, an dem die Amerikaner auf dem Hof waren, weckte diese verschlossene Kellertür Begehrlichkeiten bei den Männern. So war es nur eine Frage der Zeit bis sie sich Zugang zu dem Kellergewölbe und den darin lagernden Vorräten verschaffen würden…

„Du haben Schnaps!" Mehrere amerikanische Soldaten standen um meinen Vater im Hof und einer hielt sein Gewehr auf ihn gerichtet. „Du haben Schnaps!!", schrie er wieder, während er auf die verschlossene Kellertür wies. Meine Mutter und wir Kinder standen etwas abseits und starrten ungläubig auf die Szene, die sich vor unseren Augen abspielte. Mein Vater war ganz ruhig und sah den Amerikaner an: „Wir haben keinen Schnaps!", gab er zur Antwort.

Natürlich wussten wir alle, dass sich dort unten neben Wurstdosen und Rauchfleisch auch eine ganze Menge Schnaps befand. Wie alle Bauern hatten auch wir selbstgebranntes Zwetschgenwasser und Obstler in Glaskolben gelagert. Ich konnte nicht glauben, dass mein Vater dafür tatsächlich sein Leben riskierte. Am liebsten hätte ich gerufen: „Gib ihnen doch den Schnaps", aber meine Kehle war wie zugeschnürt. Heute weiß ich, warum er damals so gehandelt hat. Ganz gewiss kam es ihm nicht auf den Schnaps an. Es ging ihm viel mehr darum, was der Schnaps aus den Menschen, vor allem aus einer Gruppe rauer Kriegsgesellen, machen konnte. Bei einer oder zwei Flaschen würde es bestimmt nicht bleiben. Sie würden dann immer mehr verlangen und dann könnte die Situation leicht außer Kontrolle geraten. Allein das wollte mein Vater unbedingt verhindern.

Schließlich kam noch ein anderer Soldat hinzu und schlichtete, in dem er auf Deutsch sagte: "Dieser Mann gut. Dieser Mann nix Schnaps!" Vielleicht redete er deshalb auf Deutsch, um uns zu zeigen, dass er es gut mit uns meinte. Jedenfalls war die Situation damit bereinigt, wir konnten aufatmen und die Kellertür blieb weiterhin verschlossen.

In den Tagen, bevor die Amerikaner einrückten, war mein Vater immer wieder mit etwas Brot, Wurst und anderen Lebensmitteln hinunter in Richtung „Kreba" gegangen. Wir fragten uns immer, was er wohl damit vorhatte, denn eines stand fest: Für ihn selbst war das gewiss nicht bestimmt. Doch er sagte dazu nie etwas und wollte uns auch auf keinen Fall dabei haben. Ja, es war jedes Mal fast ein Davonstehlen, wenn er sich mit dem Esspaket vom Hof entfernte. Erst viele Jahre später erzählte er uns von der Tragödie, die sich so kurz vor Kriegsende dort im „Kreba", am südlichen Ortsrand Richtung Böbingen, zugetragen hatte. Die Gemeinde hatte in einer Scheune Futter für ihre vier Farren (Gemeindebullen) eingelagert. In diesem Teil der Scheune, der nur sehr selten aufgesucht wurde, hatten sich drei fahnenflüchtige deutsche Soldaten versteckt. Blutjunge Burschen, die aber offenbar verstanden hatten, dass der Krieg nicht mehr zu gewinnen war und jedes weitere Opfer ohnehin sinnlos wäre. Hier in ihrem Versteck wollten sie also bis zur Kapitulation ausharren.

Wann diese jedoch erfolgen würde, konnte natürlich niemand wissen oder abschätzen. Mein Vater hatte die drei zufällig entdeckt und konnte ihr Vertrauen gewinnen. Er selbst war ein Veteran des 1. Weltkrieges und hatte die Schrecken des Krieges an der damaligen Westfront hautnah erlebt. Auch zu Beginn des 2. Weltkrieges hatte er noch kurz einrücken müssen. Somit konnte er sich in die Situation der Burschen gut hinein versetzen und hatte vermutlich Mitleid mit ihnen, weswegen er sie immer wieder mit Lebensmitteln versorgte. Natürlich begab er sich damit selbst in höchste Gefahr. Sollte irgendwie aufkommen, dass er Fahnenflüchtige unterstützte, würde auch er exekutiert werden.

Mein Vater, sowie unsere ganze Familie, sollten das Kriegsende unbeschadet erleben – doch leider nicht die drei. Irgendwann, noch vor dem Einrücken der Amerikaner, wurden sie entdeckt und der Parteiführung gemeldet. Damit war ihr Schicksal besiegelt. Sie wurden abgeholt und irgendwo andernorts standrechtlich erschossen oder erhängt.

Zur Person:
Maria Klaus (geb. Heinzmann) wird am 22.05.1935 geboren und wächst auf dem elterlichen Hof (Strobels) „in den Höfen" auf. 1961 heiratet sie den Flaschnermeister Otto Klaus aus Brainkofen, wo die beiden zunächst auch wohnen. 1963 erfolgt der Umzug nach Iggingen in das Haus am Zimmerner Weg 4, neben der ehemaligen Schreinerei Beirle, gegenüber des Friedhofs. Dieses Schreiereigebäude wird 1975 hinzugekauft, um es zur Flaschnerwerkstatt umzufunktionieren. Dort führt Sohn Otto Klaus jun. heute den Betrieb in der 3. Generation weiter. Ebenfalls in der 3. Generation wird heute der Strobelshof von Wolfgang Heinzmann als Pferdehof betrieben. Von 1964 bis 1991 führte Maria Klaus als Nebenerwerb einen Laden für Glas, Porzellan und Geschenkartikel, gleich neben dem Wohnhaus. Dort lebt die rüstige 72-Jährige bis heute mit ihrem Mann Otto.

23.03.2006 MARIA KLEIN

„Ich hier arbeite!" Im Türrahmen stand ein Fremder, ein Riese von einem Mann, schätzungsweise Mitte/Ende 40. Er trug einen großen schwarzen Hut und Arbeitskleider. Meine Mutter und ich schauten uns verwundert an. Allem Anschein nach war der Mann ein russischer Zwangsarbeiter. Von ihnen gab es in Iggingen und auch bei uns in Schönhardt mehrere. Auch Polen und Franzosen waren unter den Zwangsarbeitern, Männer wie Frauen. So hatten unsere Nachbarn, die Agnes Waibel (später verheiratete Seitzer) und ihre Mutter, einen Polen, den Franz, zugeteilt bekommen. Seit unser Vater vor drei Jahren gestorben war und nun meine beiden Brüder Nemesius und Karl eingezogen waren, hatte für mich und meine Mutter ein harter Daseinskampf begonnen. Wie dringend hätten wir also eine starke Hilfskraft in unserer Landwirtschaft gebrauchen können! Und da stand er nun. „Ich Name Paul", sagte er und versuchte uns weiter in gebrochenem Deutsch zu erklären, dass er ab sofort hier arbeiten würde.

Ich schwang mich sofort aufs Fahrrad und fuhr nach Iggingen, um mit Martin Kaiser zu klären, ob die Sache ihre Richtigkeit hatte. Er war der Gemeindediener und für die Zuteilung der Zwangsarbeiter verantwortlich. Er erklärte mir, dass Paul Beloschinsky zuvor schon bei einem anderen Bauern gewesen sei, dass er sehr tüchtig sei und wir ihn ruhig behalten dürften. Das war im Frühjahr 1943. Ich war damals 17 Jahre alt.

Paul stammte aus der Ukraine und war mit seiner ganzen Familie, samt Frau und drei erwachsenen Kindern, hierher verschleppt worden. Seine Frau war in Iggingen beim Stieselbauer (Hegele), sein Sohn Nicolai in der Fabrik Hans Kaiser in der Gmünder Straße, sein anderer Sohn Dimitri bei 's Jörga (Schmid) in Schönhardt und die Tochter Nadja, die bereits verheiratet war, in Brainkofen. In welchem Haus sie dort war, kann ich nicht mehr genau sagen. Paul erwies sich in den folgenden zwei Jahren bis Kriegsende tatsächlich als große Hilfe. Er konnte alles und machte alles, was in einer kleinen Landwirtschaft eben so anfiel. Nur hatte er manchmal seine Anfälle. Dabei neigte er zu Gewaltausbrüchen und demolierte irgendetwas. Tags darauf tat es ihm dann immer leid und er brachte alles wieder in Ordnung. Solche Ausbrüche waren unter den Zwangsarbeitern keine Seltenheit. Oft war die Bäuerin mit einer solchen Situation überfordert und wandte sich Hilfe suchend an den Ortsgruppenführer. Dieser schickte dann in der Regel zwei Männer los mit dem Auftrag, die betreffende Person zur Räson zu bringen – im Klartext: ihn zu verprügeln. Einer dieser beiden Männer musste nach Kriegsende in Schönhardt um sein Leben rennen, als mehrere Polen und Russen ihn jagten, um sich zu rächen. Buchstäblich in letzter Sekunde konnte er sich ungesehen in ein Haus im Feuerseeweg retten, wo er dann mehrere Wochen untertauchen konnte und die Sache unbeschadet überstand.
Jedenfalls wandten wir uns nie an den Ortsgruppenführer, außerdem waren wir wie gesagt im Großen und Ganzen mit Paul zufrieden.

Paul fuhr die ganze Zeit, in der er bei uns war, jeden Abend mit dem Fahrrad nach Iggingen rein, um seine Frau bei Stieselbauers zu besuchen. Meist ließen wir ihn schon etwas früher gehen und ich machte dann den Stall vollends fertig. Einigen Beobachtern in Iggingen missfiel es, dass dieser Paul schon zu einer Tageszeit seine Frau besuchen konnte, wo für gewöhnlich noch nicht Feierabend war. Martin Kaiser steckte uns prompt die Nachricht zu, wir müssten aufpassen, dass man uns den Russen nicht wieder wegnahm. Fortan ging Paul eine Stunde später.

Dimitri Beloschinsky, Pauls Sohn, und der Franz, der bei unseren Nachbarn war, hatten Techtelmechtel mit russischen bzw. polnischen Dienstmädchen. Das Mädchen von Dimitri hieß Lea oder Lena oder so ähnlich und war bei Gottles (Wamsler) im Dienst, Rosa, das Mädchen von Franz, bei der Flaschnerei Sebastian Klaus (Klausa Baschte) in Brainkofen. Die Liebschaften blieben nicht ohne Folgen und beide Mädchen wurden fast zur selben Zeit schwanger. Im August 1944 schließlich brachten die jungen Mütter ihre Kinder im Margaritenhospital in Gmünd zur Welt. Dort mussten die Neugeborenen auch bleiben und durften – aus welchen Gründen auch immer – nicht mit ihren Müttern mit nach Hause.

Paul jedenfalls war ab sofort ein mächtig stolzer Großvater und fuhr Sonntag für Sonntag nach Gmünd ins Margaritenheim, um sein Enkelkind zu sehen. Das ging so bis zu jenem Tag im Januar 1945, als er völlig aufgelöst nach Hause kam. „Kinder tot. Alle Kinder tot", stammelte er immer wieder. Wir waren alle fassungslos und nahmen Anteil an Pauls Leid. Wie wir bald erfuhren, starben die beiden Kinder und noch ein weiteres – ebenfalls von einer Zwangsarbeiterin – am selben Tag. Zu unserem Mitleid gesellte sich zunehmend Misstrauen. Drei Kinder, an einem Tag, und alle von Zwangsarbeiterinnen?! Ein düsterer Verdacht stieg in uns auf…

Die Bestattung der drei Kleinen fand an einem eisigen Wintertag auf dem Leonhardsfriedhof statt. Nach der Beerdigung kamen sie alle zu uns. Dimitri, sein Bruder Nicolai, Franz und natürlich Paul. Die Frauen waren nicht dabei. Wir saßen in der Stube, wo wir zuvor ein Vesper hergerichtet hatten. Dimitri, daran erinnere ich mich genau, trug den schwarzen Hochzeitsanzug mit Glacehandschuhen vom Jörga Gust (August Schmid), seinem Bauern. Von Trauer allerdings war bei den jungen Burschen nicht viel zu spüren. Im Gegenteil, sie waren froh eine Last losgeworden und wieder „frei" zu sein. Ja, sie machten sich sogar über die weinenden Frauen lustig und äfften sie nach. Da platzte mir der Kragen. Ich stand auf und schrie: „Raus, sofort raus mit euch!!" Die jungen Männer trollten sich und ich schlug die Tür hinter ihnen zu. Als ich mich umdrehte, stand Paul auf, sah mich an und sagte: „Du gute Mädchen, du kommen Gott".

Wenige Wochen später erfuhren wir die grausame Wahrheit über das Schicksal der drei Säuglinge. Wir hatten guten Kontakt zum Margaritenhospital, seit unser Vater 1940 an Kehlkopfkrebs gestorben war. Vor allem kannten wir dort eine OP-Schwester gut, die gebürtige Iggingerin war. Sie erzählte uns, dass auf Befehl des Gauleiters die Kinder umgebracht worden waren.

Pater Freitag, den wir in Iggingen übrigens kannten, denn er hatte oft hier seelsorgerisch ausgeholfen, war zu dieser Zeit der Hausgeistliche des Hospitals. Er versuchte sich dem Befehl zu widersetzen und klar zu machen, dass in seinem Haus eine solche Tat nicht begangen wird. Es half nichts. Pater Freitag musste Schwäbisch Gmünd binnen 12 Stunden verlassen und binnen 24 Stunden den Landkreis."

Maria Klein schüttelt den Kopf. „Das ist doch unglaublich. Diese unschuldigen Kinder einfach umzubringen!", sagt sie. Noch heute, wenige Tage vor ihrem 80. Geburtstag, wühlt sie der Gedanke an die schreckliche Tat auf. „Weißt Du", sagt sie, „all die Jahre konnte ich es nicht vergessen. Aber besonderes jetzt im Alter, wenn man Zeit hat nachzudenken, kommt es in einem hoch. Ich habe mir schon oft gedacht, dieses Verbrechen, von dem wahrscheinlich nur wenige wissen, muss einmal ausgesprochen werden."
Von Paul und seiner Familie hat sie seit Kriegsende nie mehr etwas gehört.

Zur Person:
Maria Klein (geb. Seitzer) wird am 31.03.1926 in Schönhardt geboren. Der elterliche Hof existiert heute nicht mehr. 1964 heiratet sie nach Iggingen auf den Hof ihres Mannes Hans Klein an der Hauptstraße, wo sie bis heute lebt.

P.S. Das Mädchen Rosa, welche bei der Familie Klaus in Brainkofen war und eine der unglücklichen Mütter, kehrte nach Kriegsende in ihre Heimat nach Polen zurück. Sie heiratete und bekam Kinder und Enkelkinder. Noch bis 2005/2006 hatten die Geschwister Klaus gelegentlichen Briefkontakt mit ihrer damaligen Kindsmagd Rosa.

11.12.2006
JOSEF KNÖDLER

Josef Knödler (sen.) hebt den Kopf und horcht. „Hat da nicht jemand geklopft?" „Wer soll denn um diese Uhrzeit noch zu uns wollen?" Auch seine Frau und die beiden Töchter lauschen jetzt angestrengt. Es ist der 23. Dezember 1947 am späten Abend. Die Familie sitzt an diesem vorweihnachtlichen Abend zusammen in der Bauernstube. „Marie, geh doch mal runter und schau nach!" Murrend steht die jüngere Tochter auf, zieht sich eine Weste über und verlässt die warme Stube. „Ich hab nichts gehört. Und wenn, dann sind es wieder Polen oder Russen, die betteln", denkt die 19-Jährige bei sich. Zögernd nähert sie sich der Haustür, öffnet und späht vorsichtig hinaus in die Dunkelheit. Draußen steht eine völlig zerlumpte Gestalt, umhüllt von einem zerschlissenen russischen Wattemantel. „Verschwinde, wir haben selbst kaum etwas!" Sie ist gerade im Begriff die Tür wieder zu schließen, als sie die Person flüstern hört: „Marie, ich bin's!" Sie erstarrt und bleibt wie angewurzelt stehen. Diese Stimme kommt ihr so bekannt vor. Der Fremde macht einen wankenden Schritt nach vorne, um sich am Türrahmen festzuhalten. Erst jetzt bemerkt sie, dass die Person sich offenbar kaum auf den Beinen halten kann. Aus dem Hausgang fällt nun ein fahles Licht auf das Gesicht des Mannes, das in der russischen Pelzmütze fast verschwindet. „Marie, kennst Du mich denn nicht?" Noch immer ungläubig, doch mit

immer größer werdenden Augen, starrt die junge Frau in dieses von Krankheit und Hunger gezeichnete Antlitz, auf dem die Wangenknochen deutlich hervortreten und die Augen tief in den Höhlen liegen. „Josef, Josef" sie stößt einen spitzen Schrei aus und schlägt die Hände vors Gesicht. Es ist der Bruder, von dem sie fast schon geglaubt hatte, ihn nie mehr wieder zu sehen.

Die letzten zweieinhalb Jahre hatte sie nichts mehr von ihm gehört – er war als vermisst gemeldet. In den nächsten Tagen erfährt die Familie so nach und nach, wie sich alles zugetragen hatte. Sie hören von dem Gefangenenlager bei Ust-Kamenogorsk in Mittelasien, wo Josef zusammen mit 800 anderen deutschen Kriegsgefangenen im Bergwerk Blei geschürft hatte. Tag für Tag, Woche für Woche, Sommers wie Winters, ohne Sonn- und Feiertag. Unter erbärmlichen Bedingungen.

„Jeden Morgen ließ man uns in Fünferreihen antreten und die Wachen stellten dann die Stärke fest. Handelte es sich bei den Wachsoldaten um Kasachen, so konnte der Zählvorgang durchaus länger dauern. Dann folgte ein etwa einstündiger Fußmarsch hinaus ins Bergwerk, streng bewacht. Wer auch nur einen Schritt aus der Reihe machte, auf den wurde geschossen.
In den Stollen ging es dann – ebenfalls zu Fuß – ca. 600 Meter in die Tiefe, wo das bleihaltige Gestein aus dem Berg gesprengt wurde. Wie alles hier waren auch die Stollen von primitivster Bauart. Grubenunglücke wie Einstürze und Verschüttungen waren an der Tagesordnung. Unsere Aufgabe war es, das losgesprengte Gestein in die Loren zu schaufeln. Die vollen Loren wurden dann auf Schienen von Pferden hinausgezogen. Für jeden einzelnen galt es die festgelegte Tagesnorm zu leisten. Um diese Norm zu erfüllen, musste man in den 8 Stunden, in denen man unter Tage war, kräftig schuften. Immer wieder kam es vor, dass die Sprengarbeiten nicht voran kamen und deshalb einfach zu wenig Abraum vorhanden war, um die Norm zu erfüllen. Dies hatte dann zur Folge, dass man weniger zu Essen bekam. Noch weniger als es ohnehin schon war.

Die Verpflegung war die ganzen zweieinhalb Jahre hindurch jeden

69

Tag gleich. Morgens und abends bekamen wir zwei flache Kellen Krautsuppe und eine Kelle Hirsebrei, wobei jede einzelne Kelle Hirsebrei mit einem Holzstäbchen glatt gestrichen wurde. Angesichts der körperlichen Schwerstarbeit war diese Ration natürlich völlig unzureichend, so dass wir ständig hungerten. Im ganzen Lager stand kein Grashalm. Jedes Gräschen wurde von hungrigen Mäulern vertilgt. Einmal kam im Lager eine Lieferung Hafer an und ich wurde mit ein paar anderen eingeteilt die Fuhre auszuladen. Um wenigstens ein klein wenig dieser kostbaren Ladung in unsere Baracke zu schmuggeln, stopfte sich jeder einige Büschel Hafer in die langen russischen Unterhosen, die unten zugeschnürt wurden. In der Baracke, in der wir zu 80 Mann untergebracht waren, hatten wir einen primitiven Ofen gemauert. Darauf legten wir die Haferkörner, um sie etwas anzurösten und anschließend zu verzehren.

Ein anderes Mal versuchte ich ein paar Kartoffeln mitzunehmen, was mir teuer zu stehen bekam. Ich wurde von einem Posten erwischt und musste zur Strafe drei Tage in den Bau. Dieser war nicht mehr als ein dunkles Erdloch und so kalt, dass an Schlaf nicht zu denken war und ich ständig auf und ab hüpfte, um mich halbwegs warm zu halten. Außerdem bekam ich während der ganzen drei Tage nichts zu essen.

Unsere Uniformen hatte man uns gleich zu Beginn abgenommen und uns „neu eingekleidet". Über die besagten Unterhosen trugen wir Hosen, die eher einem Rupfensack glichen. Dazu ein abgetragenes Leinenhemd und eine zerfetzte Jacke. An den Füßen trugen wir Holzschuhe, die nicht besohlt waren. Diese Kleider, oder besser gesagt Lumpen, legten wir praktisch nie ab. Da wir in den Baracken nur blanke Holzpritschen hatten ohne Strohsack oder Decke, mussten wir die Kleidung auch nachts anbehalten. In den Wintermonaten, in denen das Thermometer auf minus 50° Celsius sinken konnte, trugen wir noch zusätzlich den Wattemantel und die Wattehose. Alle versuchten sich dann, so gut es irgendwie ging, gegen die klirrende Kälte zu schützen. Selbst das Gesicht wurde so weit wie möglich vermummt und nur ein kleiner Sehschlitz freigelassen. Jeder Stofffetzen, jedes Stück Papier, alles was ein klein wenig Wärme versprach, wurde in die vor Schmutz starrenden Kleider gestopft.

Zum Hunger und der beißenden Kälte kam noch eine unerträgliche hygienische Situation. Körperpflege oder eine Waschgelegenheit gab es überhaupt nicht. Jeder von uns trug ständig Hunderte von Flöhen und Läusen mit sich herum, die in den Hautfalten ihre Eier und Nissen ablegten. Nachts gesellten sich noch Wanzen hinzu, die uns mit ihren Bissen zusätzlich plagten. Die Toiletten befanden sich außerhalb der Baracken. Wer in den Wintermonaten nachts Wasser lassen musste, ließ es meistens in die Hose, was sich am nächsten Morgen durch einen weiß gefrorenen Fleck deutlich abzeichnete. Nicht mehr als 10 Meter von den Latrinen entfernt befand sich der Brunnen, von wo das Wasser für die Küche hochgezogen wurde...

In den ersten Monaten, in denen ich im Lager war, kam in regelmäßigen Abständen ein Politoffizier, um jeden einzelnen von uns zu befragen. Es waren immer dieselben Fragen. Bei welcher Einheit man gedient hatte? Welche Aufgaben man dort erfüllte? Ob man bei der Waffen-SS war? Wie viele russische Soldaten man getötet habe, usw.
Die letzten beiden Fragen konnte ich getrost verneinen. Zwar hatten unsere Einheiten schwarze Uniformen getragen, was aber mit der SS nichts zu tun hatte. Doch es kam häufig vor, dass welche aufgrund der Verhöre zu zwanzig oder mehr Jahren Zwangsarbeit verurteilt wurden.

Ich hatte zur 14. Panzerdivision, Heeresgruppe Nord, gehört, die im Baltikum bei Riga lag. Der Frontabschnitt wurde als Kurlandfront bezeichnet. Im Juli 1944 war ich von Neuruppin aus dort hin verlegt worden. Es dauerte nur wenige Wochen, dann waren wir von russischen Divisionen eingekesselt. In den darauf folgenden 9 Monaten versuchten die Russen mit allen verfügbaren Mitteln, den Kessel aufzureiben und die eingeschlossenen Einheiten zu vernichten, was ihnen jedoch auch unter Aufwendung größter Menschenmassen nicht gelang. Ich war ausgebildeter Panzerfahrer, kam dabei jedoch leider nicht zum Einsatz, denn zuerst kamen immer die alten, erfahrenen dran. Wie gerne hätte ich mit meinen 19 Jahren so einen nagelneuen, 45 Tonnen schweren „Panther" gelenkt. In Neuruppin waren wir mit offenen Mündern und glänzenden Augen vor 79 Stück dieser brandneuen Kampfkolosse gestanden. „Damit müssen wir den Krieg einfach gewinnen", so hatte jeder von uns Burschen gedacht.

Doch an der Front machte sich schnell Ernüchterung breit. Ich fuhr ein Halbkettenfahrzeug, genannt Maultier, bei einer Versorgungskompanie, die quasi als Feuerwehr eingesetzt wurde. Wann immer der Russe an irgendeiner Stelle angriff und versuchte in den Kessel einzubrechen, musste ich ausrücken, um die dort kämpfenden Panzer und Infanteristen mit Munition, Treibstoff und notfalls auch Verpflegung zu versorgen. Auf dem Rückweg hatte ich oft gefallene Kameraden geladen.

Es war ein Jammer mit ansehen zu müssen, wie Tausende von russischen Fußsoldaten, angetrieben von Kommissaren, eine Welle nach der anderen, mit „Hurräh" gegen unsere Stellungen anrannten und niedergemäht wurden. Dabei hatten die hinteren Reihen der Russen nicht einmal ein Gewehr oder eine Maschinenpistole bei sich. Sie mussten es den vor ihnen Gefallenen abnehmen und weiter rennen. Einige Zeit dachte ich, dass die armen Teufel so nie einen Krieg gewinnen könnten. Die Verluste auf russischer Seite konnten an manchen Tagen unsere eigenen leicht um das Fünf- oder Sechsfache übersteigen. Tatsache war aber, dass sich die Deutschen seit der Wende bei Stalingrad auf dem Rückzug befanden. Unsere 14. Panzerdivision hatte dort gekämpft und war aufgerieben worden. Einige Stalingradveteranen konnten ein Lied davon singen unter welch enormen Blutzoll die Russen ihre Schlachten gewannen.

Der Nachschub gelangte über den lettischen Hafen Libau zu uns, was bis Ende 1944 auch fast reibungslos funktionierte. Dann jedoch verschlechterte sich die Versorgungslage rapide. Schwere Waffen, vor allem Panzer und Geschütze aller Art, wurden nicht mehr angeliefert. Doch damit nicht genug, es wurden außerdem mehrere Divisionen, darunter die SS-Division „Nordland", aus der Front gelöst und ins Reich abtransportiert. „Warum nimmt man uns nicht alle zurück? Was sollen wir hier noch? Daheim in Deutschland werden wir viel dringender gebraucht!", solche Gedanken und

Äußerungen häuften sich unter den Landsern von Tag zu Tag. Jedem war mittlerweile klar, dass der Krieg hier in Kurland ganz bestimmt nicht entschieden würde. Hinzu kam die Sorge um das Schicksal der Angehörigen.

Doch nichts dergleichen geschah. „Die Front muss um jeden Preis gehalten und die feindlichen Kräfte gebunden werden!" so lautete der Befehl des OKW *(Oberkommando der Wehrmacht)*. Und sie wurde tatsächlich gehalten, bis zum letzten Tag.

In der Nacht vom 7. auf den 8. Mai wurden in größter Eile die Kommandeure der Kurlandfront zusammengerufen und über die letzten Ereignisse unterrichtet. Am Morgen des 8. Mai erfuhren schließlich auch wir Mannschaften, dass Kapitulationsverhandlungen im Gang waren und das Kriegsende unmittelbar bevorstand. Ratlosigkeit, Verbitterung und Niedergeschlagenheit waren die ersten Reaktionen. „Wofür, wofür haben wir hier bis zum letzten Tag gehalten? Uns hat man doch nicht besiegt?"

Schnell wurde klar, dass nicht die ganze Heeresgruppe abtransportiert werden konnte und der Großteil sich wohl dem Zugriff der Russen nicht entziehen können würde. Alle Marinefahrzeuge, die noch über Treibstoff verfügten, waren von ihren Basen nach Libau und Windau in Marsch gesetzt worden. Sie sollten dort zunächst alle Verwundeten, von jeder Division einen Offizier und 125 Mann, in der Hauptsache Familienväter, an Bord nehmen. Vorgesehen war weiterhin – als letzte Anerkennung ihrer hervorragenden Leistungen – die Verladung der Heeresgruppenreserve, der 14. Panzerdivision und der 11. Infanteriedivision.

Die Zeit drängte. Waffen und Gerätschaften, Munition, Kartenmaterial, schriftliche Unterlagen – sprich alles, was den Russen hätte von Nutzen sein können – galt es vor dem Abmarsch unbrauchbar zu machen. Manche Truppenteile hatten eine Entfernung von 120 km bis zum rettenden Hafen zurückzulegen. Außerdem griff die rote Luftwaffe die Kolonnen mit Bomben und Bordwaffen an, verursachte dadurch Ausfälle und verlangsamte das Marschtempo. Dennoch war jeder von der Hoffnung beseelt, dass es für ihn noch einen Platz auf einem Schiff geben würde.

Wir kamen zu spät. Es war weit und breit kein deutsches Schiff mehr zu sehen!

„Skoro domoi!" – Ihr kommt nach Hause. Das war in den ersten Tagen nach unserer Gefangennahme immer wieder zu hören. In Gruppen zu je 1000 Mann hatte man uns zusammengestellt und wir marschierten mehrere Tage, bis zu 50 km pro Tag, in ein Lager. Während des Marsches versuchte jeder möglichst in der Mitte der Kolonne zu gehen, um den Schlägen und Kolbenstößen der Wachsoldaten auszuweichen. Doch was war das schon, angesichts dessen, was uns noch bevorstand?

Das Lager schließlich stellte sich als eine stacheldrahtumzäunte Wiese heraus, auf die wir gepfercht wurden. Allerdings blieben wir dort nicht lange und nur in wenigen Kilometern Entfernung standen die Waggons, in die wir schließlich zu jeweils 80 Mann verladen wurden.

Schon als ich die mit Stacheldraht vergitterten, kleinen Fenster sah, stieg eine dunkle Vorahnung in mir auf. Als sich der Zug dann Richtung Osten in Bewegung setzte und diese Richtung auch nach Tagen noch beibehielt, war uns allen klar, dass das „Skoro domoi!" der ersten Tage nur dazu gedient hatte uns ruhig zu halten.

Es sollte eine Fahrt werden, die viele von uns nicht überlebten. Viereinhalb Wochen dauerte die Tortur. Viereinhalb Wochen, in denen wir in den Waggons dahin vegetierten, eingezwängt wie Ölsardinen. Pro Tag gab es einen 10-Liter Eimer dünnste Hirsesuppe, der auf die 80 Mann im Waggon aufgeteilt werden musste.

Den Streckenverlauf kann ich nicht mehr genau rekonstruieren. Auf jeden Fall führte uns die Fahrt bis in die kasachische Steppe und dann zu den Ausläufern des mongolischen Altai-Gebirges an den Fluss Irtysch nach Ust-Kamenogorsk. Dort im Dreiländereck Russland, Mongolei und China angekommen, wurden die Toten, die nicht schon unterwegs aus den Waggons geschafft worden waren, auf Lkw geworfen. Die Überlebenden fielen wie Knochensäcke aus den Waggons, dem Tod näher als dem Leben.

In den nun folgenden zweieinhalb Jahren trugen die ständige Unterernährung, die unerträgliche Winterkälte, mangelnde Hygiene und auch das giftige Blei dazu bei, dass sehr viele von uns krank wurden und bald darauf starben. So wurden Tag für Tag verstorbene Kameraden außerhalb des Lagers verscharrt. Eine ärztliche Versorgung, bzw. das, was man sich gewöhnlich darunter vorstellt, gab es nicht. Die russische Ärztin, die von Zeit zu Zeit ins Lager kam und von uns nur Brillenschlange genannt wurde, tat nichts weiter, als jeden in eine Kategorie, je nach seiner Tauglichkeit, einzuteilen. Dazu musste jeder einzeln nackt an ihr vorbeigehen. Durch prüfenden Blick oder Griff an die Gesäßmuskulatur wurde die Kategorie bestimmt. Wer als untauglich eingestuft wurde, durfte die Heimreise antreten. Dem versuchten natürlich viele nachzuhelfen. Einige rauchten Schwarzen Tee, was zu Herzrhythmusstörungen führt, andere aßen ein bestimmtes Kraut, welches im Lager wuchs und schwere Vergiftungserscheinungen bewirkte. Mein Gesundheitszustand verschlechterte sich auch ohne mein Zutun. Hervorgerufen durch die ständige Mangelernährung und Überanstrengung bekam ich nach etwa zwei Jahren Wasser in die Beine. Sie schwollen grotesk an und schillerten in allen Farben. Der Rest meines Körpers jedoch bestand aus Haut und Knochen. Das Gehen und die Arbeit im Bergwerk fielen mir von Tag zu Tag schwerer. Schließlich wurde ich heruntergestuft und brauchte fortan nicht mehr unter Tage, was mir ganz sicher das Leben rettete. Von nun an musste ich im Lager verschiedene Arbeiten verrichten, wie z.B. beim Bau von neuen Baracken helfen. Das Lager wurde erweitert, denn es kamen noch 400 japanische Kriegsgefangene (unsere ehemaligen Verbündeten) hinzu.

Mein Zustand verbesserte sich jedoch nicht und so durfte ich am 11.12.1947, im Alter von 22 Jahren, die ersehnte Heimreise antreten."

Josef Knödler zeigt mir seinen Entlassschein. Das einzig lesbare unter den kyrillischen Lettern ist das Datum 11.12.1947. Ich werfe einen Blick auf meine Armbanduhr und stelle fest: „Das war genau heute vor 59 Jahren".
„Ja, und einen Tag vor Weihnachten war ich dann schließlich zuhause!" antwortet er.

„Zusammen mit einem Bettringer Kameraden kam ich in Gmünd an. Wie zwei Landstreicher saßen wir dann an der Spitalmauer und überlegten wie wir jetzt heimkommen. Da es schon spät am Abend war sagte ich: „Ich lauf halt mal los." An der Rinderbacher Mühle allerdings verließen mich die Kräfte und ich musste mich auf einen Stein setzen. Plötzlich hielt neben mir ein Rot-Kreuz-Fahrzeug. Ob ich der Kriegsheimkehrer Knödler sei, lautete die Frage. „Kommen Sie, wir bringen Sie heim". Später erfuhr ich, dass der Kamerad aus Bettringen von einer Spitalschwester aufgelesen wurde und dabei sagte, dass ich bereits zu Fuß in Richtung Iggingen unterwegs sei.

Wenn mir damals einer gesagt hätte, dass ich einmal über 80 Jahre alt werde, hätte ich nur den Kopf geschüttelt. Ein gutes Jahr dauerte es, bis ich gesundheitlich wieder auf der Höhe war."

Josef Knödler (Mitte) bei der 14. Panzerdivision im Baltikum 1944.
m Hindergrund ein getarntes Halbkettenfahrzeug.

Zur Person:
Josef Knödler wird am 30.10.1925 in Iggingen geboren und lebt mit seiner Frau bis heute in seinem Elternhaus in der Schönhardter Straße. Nach der Grundausbildung als Brückenbauer beim Pionierbatallion in Ulm wird er nach Frankreich an die Loire abgestellt, zum Pionierbatallion 13. Als dort 10 Freiwillige gesucht werden, meldet er sich und kommt so zu den Panzertruppen, wo er als Fahrer ausgebildet wird. Über Neuruppin führte der Weg an die Ostfront nach Riga, zur 14. Panzerdivision.

1955 heiratet er seine Frau Martha, die aus Göggingen stammt.

Lange Jahre war Josef Knödler als Gemeindearbeiter in Iggingen tätig. Dabei oblag ihm u.a. die Haltung des Gemeindebullen. Heute gilt sein Interesse dem Fußball und wann immer es möglich ist, sieht man ihn auf dem Sportplatz beim VfL Iggingen.

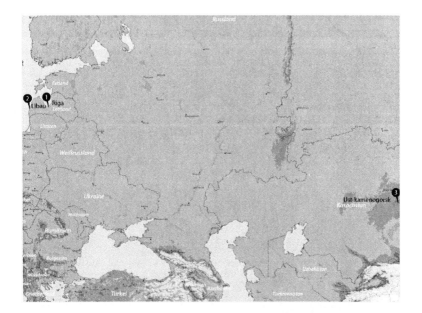

❶ *Riga/Lettland* / *Kurlandfront, 14. Panzerdivision Juli 44 – Mai 45*
❷ *Hafen Libau/Lettland* / *Gefangennahme Mai 45*
❸ *Ust-Kamenogorsk/Kasachstan* / *Arbeitslager (Gulag) Juni 45 – Dez. 47*

Die Lage im griechischen Saloniki wurde für uns zunehmend bedrohlicher. Als Personal des dortigen Luftwaffenstützpunktes waren wir in einem vornehmen Viertel der Stadt untergebracht. Doch Überfälle und Attentate häuften sich. Selbst am helllichten Tag geschah es, dass Partisanen oder Milizen in die Unterkünfte eindrangen und Wehrmachtsangehörige töteten.

Auf dem Stützpunkt selbst war ich schon längere Zeit nicht mehr gewesen, aber auch dort spitzte sich die Situation zu und die zur Verfügung stehenden Kampfflugzeuge wurden täglich weniger. Sechs Maschinen, so hieß es, würden zurückgehalten, um uns im Fall einer Evakuierung auszufliegen. Auf diesen Befehl warteten wir täglich. Panik machte sich breit. Irgendwann schließlich machten wir uns auf den Weg zum Flugplatz, der außerhalb der Stadt lag. Dort erwartete uns das Unfassbare: Es war nicht ein einziges Flugzeug mehr vorhanden. Irgendwelche „Hohe Herren" und Offiziere hatten sich wohl davon gemacht und uns im Stich gelassen. Wie viel Mann genau somit in Saloniki fest saßen, kann ich nicht mehr sagen. Aber bestimmt mehrere Hundert. Jedem war nun klar, dass wir schleunigst eine andere Möglichkeit finden mussten von hier weg zu kommen.

19 Mann waren wir, die sich Ende Oktober 1944 ein noch verbliebenes Halbkettenfahrzeug der Marke Henschel schnappten, es mit Proviant, Treibstoff und Munition voll packten, um damit den Weg nach Nordwesten in Richtung Heimat anzutreten. Dass dieses Unterfangen alles andere als einfach werden würde, war jedem bewusst. Doch ahnten wir nicht, was uns tatsächlich bevorstand...

Bis nach Skopje in Mazedonien kamen wir relativ gut voran. Zu unserer Verteidigung zogen wir eine 8/8 Flak hinter uns her, die allerdings keiner von uns richtig bedienen konnte. Wir hatten Skopje schon fast hinter uns gelassen und befanden uns in den nördlichen Randbezirken, als wir plötzlich unter Beschuss gerieten. Sofort sprangen wir vom Fahrzeug, suchten Deckung und feuerten aus unseren Karabinern auf alles was sich bewegte. Als die Waffen schließlich schwiegen, hatten wir die ersten Toten und Verwundeten zu beklagen.

Die Fahrt ging weiter Richtung Norden. Doch sehr viel weiter kamen wir mit unserem Halbkettenfahrzeug nicht. Das Gelände wurde mehr und mehr gebirgig und obwohl sehr geländetauglich, war in den unzugänglichen Bergen irgendwann kein Weiterkommen mehr möglich. Schweren Herzens mussten wir das Fahrzeug zurücklassen und uns weiter zu Fuß auf dem Balkan durchschlagen.

Mitte November setzte der erste Schnee ein und unsere Ausrüstung war alles andere als wintertauglich. Spätestens jetzt war mir wirklich klar, dass ich mich mitten in einem Kampf ums nackte Überleben befand. Einem Kampf gegen Verzweiflung, Hunger, Kälte und Partisanen. Immer wieder gerieten wir in Hinterhalte und verlustreiche Schießereien. An Silvester 1944/45 waren wir noch zu sechst – von vormals neunzehn, ein paar Wochen später nur noch zu zweit. Unsere soldatische Pflicht wäre es eigentlich gewesen, uns bei irgendeiner anderen deutschen Einheit zu melden. Doch für mich und meinen Kameraden aus dem Elsass kam das nicht in Frage. Wir wussten genau, dass wir dann als die „Neuen" bei der nächsten Gelegenheit verheizt würden.

Teilweise steckten wir in den Bergen von Montenegro bis zur Hüfte im Schnee, was das Weiterkommen enorm erschwerte und wertvolle Energiereserven verbrauchte – von der Kälte ganz zu schweigen. Nachts gruben wir uns ein Schneeloch, in das wir uns beide hineinzwängten und versuchten es durch unsere Körpertemperatur und der Wärme einer Kerze auf 4 bis 5 Grad Celsius zu erwärmen. Wir drangen in Gehöfte ein und zwangen die Bewohner mit vorgehaltener Waffe uns irgendwas Essbares herauszugeben. Stießen wir irgendwo auf eine deutsche Einheit, so schaffte einer von uns auch von dort Nahrungsmittel heran. So kam eines Tages mein Elsässer Kamerad mit frisch gebackenem Brot aus einer deutschen Feldküche in der Nähe von Kolasin. Jahre später erzählte ich diese Episode in der „Krone" in Schönhardt, dem alten Wirt, genannt „Haaga Beck". Mein Gegenüber begann plötzlich zu lachen und sagte: "Weißt Du von wem dein Kamerad das Brot bekommen hat? – Von mir! Ich habe genau in dieser Feldküche gebacken!"

„Etwas riss mich aus meinem unruhigen Schlaf und instinktiv zog ich meine Waffe. Über mich gebeugt stand ein bewaffneter Mann und nestelte an meiner Jacke herum. Sofort richtete ich die Waffe auf ihn und krümmte den Zeigefinger... Im allerletzten Moment riss der Mann die Arme hoch und rief: „National, National!" Dieser Ausruf rettete ihm das Leben.
Irgendwann waren meine Schuhe so zerschlissen und abgelaufen, dass meine blanken Füße zum Vorschein kamen und ich stellenweise barfüßig durch den Schnee stapfte. Zum Glück fand ich dann Wickelgamaschen, die ein italienischer Soldat liegen gelassen oder weggeworfen hatte. Diese waren zwei Meter lang und ich wickelte sie mir um die Füße. Die Erfrierungen konnten sie dennoch nicht verhindern. An allen Zehen zog ich mir schwere Erfrierungen zu, manche kurz vor der Schwarzfärbung. Wir schleppten uns durch bis nach Visegrad *(heutiges Bosnien-Herzegowina, 50 km östlich von Sarajewo)*. Dort wurde ich schließlich von einer deutschen Sanitätseinheit aufgenommen und ins Lazarett nach Brünn *(Tschechische Rep.)* gebracht. Ich wog zu diesem Zeitpunkt noch 40 kg.
Nach meiner Genesung geriet ich bald in amerikanische Kriegsgefangenschaft.

Zur Person:

Ludwig König wird am 06.09.1922 im Auchtweg (Maler König) als eines von insgesamt 9 Kindern geboren. Im Alter von 14 Jahren beginnt er eine Lehre zum Uhrmacher bei der Firma Bifora in Schwäbisch Gmünd und macht dort auch die Facharbeiterprüfung. Am 29.07.1940 beginnt für Ludwig König der Reichsarbeitsdienst in Eggenstein bei Karlsruhe. Er meldet sich zur Luftwaffe und wird am 01.04.1941 ins tschechische Olmütz verlegt, zusammen mit anderen Iggingern: Herrmann König (Bruder), Josef Seibold, Karl Spohn und Otto Brenner.

Nach dem Krieg arbeitet er weiter bei Bifora und schließlich noch 18 Jahre in der ZF. 1954 baut er das Haus in der Schirmsteinstraße, wo er bis heute lebt.

❶ *Saloniki/Griechenland* / *Luftwaffenstützpunkt, Beginn der Flucht Okt. '44*
❷ *Skopje/Mazedonien*
❸ *Kolasin/Montenegro* / *„Haaga Beck"*
❹ *Visegrad/Bosnien-Herzegowina* / *Aufnahme durch eine Sanitätseinheit*

18.01.2007 WALTER KÖNIG

„Natürlich war ich begeistert. Ich war Hitlerjunge. Und 1943 war Deutschland – zumindest laut Propaganda – noch siegreich. Da wollte ich, als 17-Jähriger, unbedingt dabei sein. Außerdem war Fliegen schon immer mein Traum, also meldete ich mich freiwillig zur Luftwaffe."

6. Juni 1944. Flugplatz Lyon. „Es sollte mein letzter von insgesamt sechs Absprüngen werden, dann würde meine Fallschirmausbildung abgeschlossen sein.
Die Fallschirme waren gepackt und die Springerhelme saßen festgezurrt auf den Köpfen. Gerade waren wir im Begriff die Maschine zu besteigen, als das laute „Halt" eines Feldwebels die Motorengeräusche übertönte. Während wir noch verdutzt dreinschauten, erklärte er uns, dass in der Normandie in den frühen Morgenstunden die Invasion der Alliierten stattgefunden hatte und wir uns unverzüglich zurück in die Kaserne begeben sollten.
Nach acht Tagen Bereitschaft in der Kaserne absolvierten wir schließlich unseren sechsten Sprung, um dann mit dem Zug zu unserer Einheit, dem 4. Fallschirmpionierbataillon, in die Normandie verlegt zu werden. Dort angekommen wurde meine Kompanie sofort in Marsch gesetzt an die Front.

Marschieren konnten wir allerdings nur nachts, tagsüber waren Truppenbewegungen aufgrund der amerikanischen Lufthoheit viel zu gefährlich. In der Nähe von St. Lo verlief die Hauptkampflinie, wo wir zunächst in Stellung gingen. In den nun folgenden vier Wochen bis zu meiner Gefangennahme, waren wir praktisch ständig in Bewegung und wechselten alle paar Tage unsere Stellung. Wir wurden immer dort eingesetzt, wo der Feind durchgebrochen war. Obwohl wir an unmittelbaren Kampfhandlungen, sprich Feuergefechten, kaum beteiligt waren, erlitt unsere Kompanie durch Granatwerfer- und Artilleriebeschuss sowie Luftangriffe enorme Verluste. Von den anfangs 180 Mann sollten nach diesen vier Wochen noch 75 übrig sein. Der Rest war gefallen oder verwundet.

Das Gelände in der Normandie war unserer Gegend hier sehr ähnlich. Zerstückelt durch kleine Wäldchen, Wiesen und unzählige Hecken, was uns zunächst zu Vorteilen verhalf, denn die Alliierten konnten in diesem uneinsichtigen Gelände ihre Materialüberlegenheit nicht ausspielen und kamen schlecht voran. Am 25./26. Juli jedoch starteten die Amerikaner eine große Offensive, unterstützt von starken Luftstreitkräften. Wir befanden uns am Morgen in einem Waldstück, das von einem Bachbett durchschnitten wurde. Dieser unbewaldete Geländeeinschnitt war etwa 100 Meter breit und wurde ständig von amerikanischen Maschinen überflogen. Unser Haufen sollte diese Entfernung auf einen Sprung überqueren, in das gegenüberliegende sichere Waldstück. Auf das Kommando „Sprung auf. Marsch Marsch!!" hetzten wir los. Wir hatten noch nicht die Hälfte der Strecke zurückgelegt, als urplötzlich drei Tiefflieger auftauchten und uns mit ihren Bordkanonen unter Beschuss nahmen. Dabei wurden zwei Kameraden getroffen und wir mussten sie schwerverwundet an Ort und Stelle zurücklassen. Erst in der nächsten Ortschaft machten wir Halt, um uns zu sammeln. Da die beiden Verwundeten zu meiner Gruppe gehörten, erteilte mir der Kompaniechef, zusammen mit drei weiteren Kameraden, den Befehl die Verwundeten zu bergen. Dieser Weg zurück führte uns geradewegs in die Hände der Amerikaner. Sie waren bereits vor Ort, hatten schon ein Sanitätsfahrzeug für die beiden Kameraden angefordert und nahmen uns gefangen.

Obwohl ich nun Kriegsgefangener war und die nächsten zwei Wochen in einem provisorischen Lager (umzäunte Wiese) unter freiem Himmel verbringen musste, fühlte ich mich unheimlich erleichtert. Ich war am Leben, in Sicherheit und bekam zweimal pro Tag eine Mahlzeit. Und wenn ich zu diesem Zeitpunkt schon gewusst hätte, was ich als Gefangener noch alles zu sehen bekommen würde, hätte ich mich gar richtig gefreut...

Ich kletterte aus dem Bauch des Landungsbootes hoch an Deck, um einen der vollen Klosettkübel über Bord zu kippen. Mit den Booten der Invasion wurde ich zusammen mit mehreren hundert anderen Gefangenen über den Kanal gebracht. Zum ersten Mal sah ich dabei das Meer, atmete zum ersten Mal richtige Seeluft und hatte trotz der beklemmenden Enge unter Deck ein Gefühl von Freiheit. Während ich darüber nachdachte, was mich auf der anderen Seite der Meerenge wohl erwarten würde, tauchten in der Ferne die Lichter der englischen Küste auf.
Wo wir in England an Land gingen, kann ich nicht mehr genau sagen. Jedenfalls marschierten wir eine Nacht lang bis in ein Lager, wo zuvor amerikanische Streitkräfte untergebracht waren, bevor sie nach Frankreich übergesetzt wurden. Von diesem Lager aus wurde uns erstmals erlaubt, eine Postkarte nach Hause zu schreiben. Ein perfekt Deutsch sprechender Offizier händigte uns die Postkarten

aus, indem er rief: „Und hier schreiben sie die Adresse ihrer Angehörigen drauf oder an wen auch immer sie die Karte schicken wollen. Falls sie niemanden haben, dann schicken sie die Karte eben
an ihren heiß geliebten Führer!" Ja – der heiß geliebte Führer! Von
meiner jungenhaften anfänglichen Euphorie war mittlerweile kaum
noch etwas übrig. Je länger der Krieg andauerte, je mehr gingen mir
die Augen auf, wie verblendet man uns doch hatte.

Die Reise ging weiter und führte mich im Zug bis hoch ins schotti-
sche Glasgow. Obwohl wir nie eine Ahnung hatten, wohin es ging
oder was man mit uns vorhatte, ließ die Behandlung erkennen,
dass man es wohl gut mit uns meinte und wir nichts Schlimmes zu
befürchten hatten. Spannend war die Sache natürlich allemal. Vor
allem als wir dann in Glasgow auf ein Schiff gingen und Kurs auf
den offenen Atlantik Richtung Westen nahmen, lag plötzlich dieses
fast magische und mit sagenhaften Vorstellungen verbundene Wort
„Amerika" in der Luft. Allerdings wurde ich nach zwei Tagen unter
Deck schwer seekrank, was jegliche Phantasien stark eintrübte. Ich
fühlte mich hundeelend und lag für einige Zeit nur danieder, absolut
unfähig, irgendeinen Dienst zu verrichten. Als sich mein Zustand
geringfügig gebessert hatte, kam ein Offizier auf mich zu und machte mir, sowie allen anderen Kameraden, ein Angebot: „Ihr dürft hoch
an Deck – wenn ihr das Schiff anstreicht".
Wir betraten das Deck und trauten kaum unseren Augen. Das Schiff
war Teil eines riesigen Geleitzuges, so groß, dass man gar nicht
alle Schiffe, die darin mitfuhren, überblicken konnte. Außerdem sah
ich direkt neben uns zum ersten Mal einen Flugzeugträger. Auch
auf anderen Transportschiffen waren Kriegsgefangene, zusammen
waren wir bestimmt über tausend Mann. Die Tatsache, dass wir vor
den eigenen U-Booten keine Angst zu haben brauchten, war für
uns eine fast komische Situation. Die deutsche U-Bootwaffe war
zu diesem Zeitpunkt bereits geschlagen und konnte keine Gefahr
mehr verbreiten.

Nach endlos erscheinenden sechs Tagen, in denen ich quasi ständig seekrank war, erschallte plötzlich dieser Ruf: „Kommt alle
hoch an Deck. Wir fahren jetzt in den Hafen von New York ein!"

Wir stürmten alle nach oben, standen gebannt an der Reling und starrten in den Nebel. Irgendwann schließlich lichteten sich die Nebelschwaden und gaben den Blick frei auf die Skyline von New York! Was das für einen einfachen Handwerkersohn aus Iggingen bedeutete, lässt sich mit Worten nur schwer beschreiben. Kaum einer von uns hatte etwas Vergleichbares je zuvor gesehen. Diese Hochhäuser, die Lichter, die Leuchtreklame, der Verkehr... Wir kamen aus dem Staunen nicht heraus. Und wir waren natürlich mächtig gespannt, was uns im Land der „unbegrenzten Möglichkeiten" wohl erwarten würde...

In einer Bahnhofshalle mussten wir unsere Kleidungsstücke ablegen und alle Gegenstände wurden kontrolliert. Gegen Abend bestiegen wir einen Zug, der uns aus New York wegbrachte. Schon nach etwa einer Viertelstunde Fahrt bekamen wir die erste amerikanische Mahlzeit gereicht. Einer musste Pappteller austeilen, ein anderer Pappbecher und ein dritter Holzbesteck. Nach der Mahlzeit wurde alles wieder eingesammelt und – kaum hatten wir New York verlassen – alles aus dem Fenster geworfen. Dies war also die erste Begegnung mit einer Wegwerfmentalität, die leider schon bald auch Europa erreichen sollte.

Die Zugfahrt dauerte fünf Tage und führte uns über Chicago quer durch die USA nach Arizona. Waren wir bei der deutschen Wehrmacht noch in Güterwaggons gereist, durch England bereits 2. Klasse, so fuhren wir nun durch Amerika in Personalabteilen mit gepolsterten Sitzen. Außer der Tatsache, dass es im Zug stickig und heiß war, war die Fahrt recht komfortabel.
In der Nähe von Tucson, Arizona, stand eine Zeltstadt, wo bereits deutsche Kriegsgefangene untergebracht waren. Hier kamen wir schließlich zum Arbeitseinsatz auf den Baumwollfeldern. Jeden morgen ging es von nun an hinaus in die Felder, um Baumwolle zu pflücken. Einen Zentner sollte man pro Tag schaffen, so die Vorgabe. Wer den Zentner abends ablieferte, bekam 1,20 Dollar Gefangenengeld, mit dem man in der Kantine Bier, Cola oder Zigaretten kaufen konnte. Wer den Zentner nicht schaffte, bekam eben entsprechend weniger, hatte aber ansonsten nichts zu befürchten. Zwar war die

Arbeit anstrengend, vor allem aufgrund der unerträglichen Hitze, doch ansonsten waren die Bedingungen in Ordnung. Man konnte täglich duschen, es waren halbwegs hygienische Toiletten vorhanden und die Verpflegung war mehr als ausreichend. Mit uns etwa 500 Gefangenen arbeiteten auf anderen Feldern mexikanische und auch schwarze Tagelöhner. Sie lebten am Rande der riesigen Felder in Slums aus Wellblechhütten und hatten es garantiert schlechter als wir.

Die Arbeit auf den Feldern ging bis in den Herbst, dann war die Baumwollsaison zu Ende und wir wurden nach Kalifornien ins Camp Robert, einem Ausbildungslager der amerikanischen Armee, gebracht. Dieses Ausbildungscamp hatte gigantische Ausmaße. Ich schätze es war ungefähr so groß wie die heutige Stadt Schwäbisch Gmünd mit den umliegenden Teilgemeinden. Circa 1000 deutsche Kriegsgefangene waren dort mit untergebracht und zu verschiedenen Diensten eingeteilt. So mussten etwa einige von uns japanische Dörfer nachbauen, in denen die Amerikaner dann Häuserkampfübungen absolvierten für die geplante Invasion auf Japan. Alle Soldaten, die von hier zum Einsatz kamen, kämpften im Pazifik. Ich wurde zum Küchendienst in der Armeeküche eingeteilt, der in zwei Schichten arbeitete. Von der sensationellen Verpflegung, die die Amerikaner bekamen, fiel für uns immer genügend ab. Schon zum Frühstück gab es Spiegeleier mit Speck und zum ersten Mal bekam ich Ananas zu essen. Es ging uns also richtig gut; bis zu dem Tag, als diese Filme über die deutschen Konzentrationslager gezeigt wurden. Der Krieg in Europa war mittlerweile zu Ende und amerikanische Kriegsberichterstatter hatten bei der Befreiung der Konzentrationslager Filme gedreht. Diese Filme wurden nun allen Einheiten gezeigt und natürlich auch uns Gefangenen. Zwar hatte jeder von uns gewusst, dass Konzentrationslager existierten, von den Zuständen die darin herrschten hatten wir allerdings keine Ahnung. Obwohl wir über das Gezeigte genauso schockiert waren wie die Amerikaner, schlug von nun an die Stimmung etwas um. Fortan bekamen wir morgens nur noch in Wasser aufgekochte Haferflocken auf den Tisch gestellt und auch sonst ging man uns gegenüber nun eher auf Distanz. Auf unserer Seite stieß diese Behandlung auf wenig Verständnis. Wir fühlten uns ungerecht

behandelt und zeigten einen entsprechend unmotivierten Arbeitseinsatz. Wir arbeiteten so langsam, dass der Chefkoch sich nicht
mehr anders zu helfen wusste als den Kompaniechef einzuschalten. Zu ihm sagten wir klipp und klar: „Wie die Verpflegung, so die
Bewegung!" Danach war zumindest die Verpflegung wieder so wie
vorher.

Am 06. August 45 kam ein älterer Hauptfeldwebel in unsere Kantine,
stellte sein kleines Kofferradio auf den Boden und setzte sich dane-
ben. Betrunken wie er war, lauschte er aufmerksam den Meldungen
über den geglückten Atombombenabwurf auf die japanische Stadt
Hiroshima. „Boys, you go home now. You go home now!" (Jungs,
ihr dürft jetzt nach Hause) lallte er immer wieder in unsere Richtung.
Doch soweit war die Zeit noch nicht.
Zwar konnten wir immer wieder nach Hause schreiben, durften aber
umgekehrt keine Post empfangen. So wusste ich während der ganzen Zeit in Amerika nichts von zuhause. Einzig ein Zeitungsartikel
im April 45, der mir über unseren Koch in die Hände fiel, zeigte eine
Truppenparade in Schwäbisch Gmünd und den Frontverlauf auf der
Schwäbischen Alb.

Aus welchem Grund auch immer, aber von amerikanischer Seite
wurde die Auffassung vertreten, dass wir Gefangene nie längere
Zeit an einem Ort sein sollten. Vermutlich um zu verhindern, dass
wir anfangen uns an einem Ort heimisch zu fühlen. So führte mich
die Reise im Herbst 1945 von Kalifornien hinauf nach Idaho zur Kartoffelernte. Hier war wieder ein Zeltlager errichtet für etwa 100 Gefangene. Wir schliefen in Zelten zu jeweils 6 Mann, inklusive Wach-
personal. Der Winter traf schon bald ein, sodass wir oft morgens die
Zeltplanen von einer dicken Schneeschicht befreien mussten. Nach
der Kartoffelernte ging es noch bis Weihnachten auf die Zuckerrü-
benfelder, dann verließen wir Idaho wieder.

Über einen kurzen Zwischenstopp in Salt Lake City kam ich schließlich nach Stockton/Kalifornien, 60 km landeinwärts von San Francisco gelegen. Arbeiten musste ich hier allerdings nichts mehr und
durfte am 21. Februar 1946, meinem zwanzigsten Geburtstag, ein

Schiff besteigen, das mich zurück nach Europa bringen sollte. Die Fahrt war einmal mehr ein großes Erlebnis. In San Francisco durchfuhren wir die weltberühmte Golden Gate Bridge und nahmen Kurs in Richtung Süden zum Panamakanal, den wir nach ungefähr 10 Tagen erreichten. Das Schiff war ein Truppentransporter mit ca. 3000 deutschen Kriegsgefangenen an Bord. Hatte der Stille Ozean seinem Namen noch alle Ehre gemacht, so begann das Schiff nun bei der Einfahrt in die Karibik zu schaukeln und mir wurde sofort wieder übel. Doch so schlimm seekrank wie bei der Herfahrt wurde ich auf dem Atlantik Gott sei Dank nicht mehr.

Natürlich ging jeder von uns davon aus, nun nach Hause zu kommen – zumindest hofften wir das. Nach 3 Wochen Seefahrt erreichten wir das englische Liverpool. Als dort jedoch britische Soldaten vor dem Schiff aufmarschierten, ahnten wir, dass es mit dem Heimkommen wohl nichts werden würde. Tatsächlich wurden wir an die Engländer übergeben und ich kam zur Feldarbeit auf ein staatliches Landgut im südenglischen Sussex. Fast zwei Jahre verbrachte ich noch dort, ehe ich Ende 1947 schließlich die Heimreise antreten durfte. Nachdem ich 4 Jahre und 3 Wochen von zuhause weg gewesen war, betrat ich am 7. Dezember '47 wieder mein Elternhaus."

„Bereuen? Nein im Gegenteil", sagt Walter König „Die ganze Gefangenschaft war für mich ein einziges Erlebnis. Heimweh hab ich eigentlich nie verspürt. Erstens waren die Behandlung und vor allem die Verpflegung durchweg in Ordnung. Überhaupt kein Vergleich zu den Kameraden, die in russischer Kriegsgefangenschaft waren. Und zweitens habe ich viel von der Welt gesehen, wo ich sonst nie hingekommen wäre."

Walter König (erster v. links) mit anderen Gefangenen auf dem Landgut im südenglischen Sussex, 1946/47.

Zur Person:

Geboren am 21.02.1926 wächst Walter König zusammen mit acht Geschwistern auf. Das Elternhaus, in dem der Vater eine Malerwerkstatt betreibt, steht noch heute im Auchtweg. Im Anschluss an die Schulzeit beginnt er eine Lehre zum Werkzeugmacher bei der Fa. Schenk/Schwäbisch Gmünd. Nach einem verkürzten Reichsarbeitsdienst in Kaiserslautern meldet er sich 1943 freiwillig zum Bordpersonal bei der Luftwaffe. Doch nach einer Grundausbildung im französischen Auxerre und Rochefort zeichnet sich ab, dass verstärkt Infanteristen gebraucht werden. Walter König wird vor die Wahl gestellt: „Entweder Waffen-SS oder zu den Fallschirmjägern"…

Außer ihm müssen noch drei seiner Brüder in den Krieg, alle kehren jedoch wieder zurück – eine absolute Ausnahme.
1956 beginnt er sein Haus in der Schirmsteinstraße zu bauen und heiratet drei Jahre später. Die meiste Zeit bis zur Rente arbeitet er in der ZF.

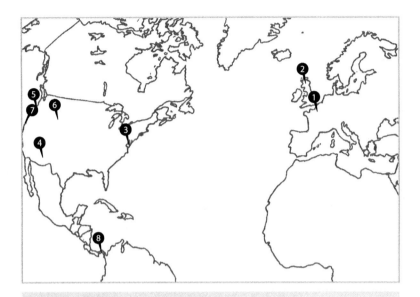

❶ **Saint-Lô/Normandie** / *Kampfeinsatz u. Gefangennahme Juli '44*
❷ **Glasgow/Schottland** / *Abfahrt Richtung Amerika*
❸ **New York** / *Ankunft in den USA*
❹ **Tucson/Arizona** / *Baumwollplantagen – Sommer 1944*
❺ **Camp Robert/Kalifornien** / *Militärbasis – Herbst '44 – Sept. '45*
❻ **Idaho** / *Kartoffelfelder – Herbst 1945*
❼ **San Francisco** / *Abfahrt Richtung Europa am 21.02.1946*
❽ **Panamakanal**

„Bereits den dritten Tag lagen wir in diesem Bunker, ohne dass irgendetwas passierte. Die Invasion der Alliierten hatte schon vor ein paar
Wochen stattgefunden, während unsere Einheit in 150 km Entfernung,
bei St. Malo (Normandie), in Bereitschaft lag.

Nach jenem 6. Juni, der als D-Day in die Geschichte eingehen sollte, waren wir hierher in die Normandie bei Caen verlegt worden. Doch
es war zu spät. Zigtausende Amerikaner, Briten und Kanadier waren
bereits an den Stränden der Normandie gelandet und hatten sich auf-
gemacht ihre Mission, Europa von der Naziherrschaft zu befreien, zu
erfüllen. Nun lagen wir hier auf Posten, um eventuell nachrückende
„Invasoren" an der Landung zu hindern und zu bekämpfen. Doch nichts
geschah und Langeweile machte sich breit. Ohne jegliche Feindberüh-
rung ständig in diesen Bunkern herumzuhängen, erschien irgendwann
sinnlos. Zumal es Hochsommer war und die Sonne vom Himmel strahlte, begannen wir immer öfter unsere Stellungen zu verlassen, um uns
die Beine zu vertreten und etwas Sonne zu tanken. Plötzlich – dieses
jaulende Pfeifen einer heranfliegenden Granate! Sofort warfen wir uns
auf den Boden und im selben Augenblick, in dem ich den Einschlag
hörte, spürte ich schon einen stechenden Schmerz in meiner Hüfte.
Ein Granatsplitter hatte sich in meine Seite gebohrt und ließ mich vor
Schmerzen aufschreien. Die Kameraden schleppten mich sofort zurück

in den Bunker, von wo ich auf einer Trage zum Hauptverbandplatz gebracht wurde.

Ich wurde sofort operiert und der Splitter entfernt. Ich hatte Glück im Unglück. Das Geschoss hatte meine Bauchwand „nur" beschädigt, weswegen ich während der nächsten drei Tage überhaupt keine Nahrung aufnehmen konnte und alles wieder ausspuckte. Erst nachdem ich soweit transportfähig war, wurde ich zur weiteren Behandlung in ein Lazarett nach Paris verlegt. Nach mehreren Wochen Aufenthalt dort kam ich Ende 1944 zu einer Genesungskompanie im hessischen Friedberg.

Mein nächster Stellungsbefehl führte mich nach Rotterdam und von dort auf die vorgelagerte Insel Schauen, wo ich wieder für einige Wochen in Bereitschaft war. Doch der Einsatzbefehl ließ nicht lange auf sich warten. Im März wurde ich an die Front ins westfälische Stadtlohn, an der deutsch-belgischen Grenze, verlegt. Dort sahen wir uns weit überlegenen amerikanischen Panzerstreitkräften gegenüber.
Wir mussten uns in Häuser und Keller zurückziehen, um halbwegs Schutz zu finden. Ich erinnere mich noch, wie wir fast fluchtartig durch einen hüfthohen Bach wateten, uns dann vor dem Panzerbeschuss in Deckung warfen und beiderseits von mir Granaten einschlugen. Doch soviel Glück wie ich hatten leider nicht alle. Rechts von mir lag ein Kamerad mit abgerissenem Arm. Sehr viele wurden unmittelbar vor der Gefangennahme noch verwundet oder fielen. Das war am Karfreitag 1945.

Der erste Griff eines schwarzen Amerikaners war der nach meiner Armbanduhr. Meinen Kameraden ging es nicht anders, den Verheirateten wurden gar die Eheringe abgenommen. Zwar beschwerte sich unser Leutnant, was aber nichts half. Es folgte ein Marsch hinein nach Belgien, in ein amerikanisches Gefangenenlager. Außer der Tatsache, dass wir dort in Munitionsbunkern auf blanken Betonböden schlafen mussten, lässt sich über unsere Behandlung nichts Schlechtes sagen. Das Schlimmste sogar war die schreckliche Langeweile. Gerne hätte ich irgendetwas gearbeitet, damit die Zeit schneller vergeht, aber es gab absolut nichts zu tun. So begann ich mit meinem Taschenmesser an einem Stück Holz zu schnitzen. Als ich mir dann aber ordentlich in den Daumen schnitt, ließ ich schließlich auch das bleiben.

Am 30. August 1945, nach etwa 5 Monaten, wurden wir entlassen. Bevor wir jedoch die Waggons bestiegen, die uns Richtung Heimat bringen sollten, mussten wir durch eine Gruppe amerikanischer Juden, die jedem von uns noch ein paar Hiebe mit auf den Weg gaben. Auch auf der Fahrt durch Belgien wurden die Waggons, in denen wir waren, immer wieder von der Bevölkerung mit Steinen beworfen. Doch wer konnte es den Juden oder den Belgiern verdenken…

Die Fahrt ging bis Heilbronn. Vom dortigen Bahnhof marschierten wir bewacht quer durch die Stadt, in Richtung Sammellager, das etwas außerhalb lag. Bei mir war ein Kamerad aus Bargau, der schon einige Jahre älter war als ich. „In dieses Sammellager gehen wir auf keinen Fall", raunte er mir unterwegs zu. „Wer weiß, wie lange die uns da noch behalten wollen. An der nächsten Straßenbiegung, wenn uns kein Wachsoldat sehen kann, hauen wir ab!"
Die Bewachung während des Marsches war in der Tat recht lax. Und noch während ich darüber nachdachte, ob Abhauen wohl sinnvoll und richtig wäre, wurde ich am Arm gepackt und hinter eine Hausecke gezogen. Wir ließen die Kolonne vorbei marschieren und machten uns aus dem Staub.

Zu Fuß begannen wir uns Richtung Heimat durchzuschlagen. Da wir keine Entlassungspapiere hatten, bestand natürlich immer die Gefahr, noch einmal von einer MP-Streife aufgelesen zu werden. In Schorndorf schließlich trafen wir auf einen Bekannten aus Leinzell, der einen Lkw mit Holzvergaser fuhr und uns beide mitnahm.

Endlich zuhause musste ich feststellen, dass keiner daheim war. Also ging ich rüber zu Öchsles, unseren Nachbarn. Dort erfuhr ich, dass meine Mutter wallfahren auf dem Rechberg war und mein Vater noch in Frankreich in Gefangenschaft. Er, der schon am Ersten Weltkrieg teilgenommen hatte, war auch bei diesem Krieg von Anfang an dabei gewesen, hauptsächlich im norwegischen Narvik.

Frau Öchsle indes bemutterte mich haufenweise mit Pfannenkuchen, den ich mir mehr schmecken ließ als es mein an Kriegsgefangenenkost gewöhnter Magen zuließ…

Karl Leinmüller bei Grundausbildung und Reichsarbeitsdienst im pfälzischen Herxheim, 1943

Zur Person:

Am 13.10.1925 geboren, wächst Karl Leinmüller im elterlichen Haus am Zimmerner Weg, direkt am Sportplatz, auf. Im Alter von 16 Jahren beginnt er eine kaufmännische Lehre bei Spießhofer & Braun (später Triumph) in Heubach. 1943 jedoch wird die Lehre zugunsten des Reichsarbeitsdienstes (RAD) unterbrochen, der ihn nach Herxheim in der Pfalz führt. Dort gilt es in der Hauptsache Spargel zu setzen und zu stechen. Nach Kriegsende muss K. Leinmüller noch ein Jahr Lehrzeit nachholen und arbeitet dann bis 1954 in Heubach. Im Januar 1957 heiratet er seine Frau Walburga und baut mit ihr in der Pfalzgasse ein Textilwarengeschäft auf, das die beiden bis 1987 betreiben. Seither verbringt das rüstige Ehepaar den Lebensabend in ihrem Haus in der Hohenstaufenstraße. Die Nähe zum Sportplatz sucht er auch heute noch. Kein Heimspiel des VfL bei dem Karl Leinmüller nicht unter den Zuschauern wäre.

❶ *Caen/Normandie* / Verwundung - Juni 1944
❷ *Paris* / Lazarett
❸ *Friedberg/Hessen* / Genesungskompanie
❹ *Rotterdam* / Bereitschaft
❺ *Stadtlohn/Westfalen* / Kampfhandlungen und Gefangennahme 1945
❻ *Amerikanisches Gefangenenlager in Belgien* (Ort nicht genau bekannt)
❼ *Heilbronn* / Flucht am 30. August 1945

„Hörsch Du ebbas?!" „Noi, aber weit könnat se nemme sei." – Wieder angestrengtes Horchen, die Nerven zum Zerreißen gespannt. Fast wünschte ich mir, dass die Panzer nun endlich hinter dieser Straßenbiegung auftauchen sollten – egal, was dann passieren würde. Dieses Warten und die Stille wurden schier unerträglich. Geredet wurde nicht viel, jeder war mit sich selbst beschäftigt, rauchte eine nach der anderen und spielte nervös an der Waffe herum. Ein armseliges Häufchen gaben wir ab: von der Anzahl her, der Bewaffnung und vor allem angesichts unserer körperlichen Gebrechen. Fünf Mann, allesamt Kriegsinvaliden, die hier am Mädelesfelsen bei Reutlingen am Albaufstieg Stellung bezogen hatten, um eine französische Panzerkolonne aufzuhalten. Zwei Norddeutsche, einer aus Stuttgart, ich und Eugen Böttinger, ältester Sohn der gleichnamigen Gmünder Korbwarenhandlung. Es war der 22. April 1945 und jedem war klar, dass der Krieg längst verloren war. Doch Befehl war Befehl. Ich selbst hatte das Kommando über die kleine „Genesungskompanie". Erst zu Weihnachten war ich in Schwäbisch Gmünd entlassen worden. Dort hatte mir nach einer Verwundung ein gewisser Dr. Finger mein rechtes Knie operiert. Als ich aus der Narkose erwachte hielt ich, in Mullbinden verpackt, 13 Granatsplitter in meiner Hand. Dies war nicht meine erste Kriegsverletzung…

Im Juni '43 war ich zur 101. Jägerdivision in den Kaukasus verlegt worden. Dort auf etwa 2000 Metern Höhe befanden sich unsere Gefechtsstände. Die Bunker hatten wir mit unseren Spaten selbst gegraben, mit Holzdielen ausgekleidet und auf das Dach eine Erdschüttung aufgetragen. Immer zu sechst hausten wir in einem Bunker. Eines Nachmittags lag ich allein in der Bude und döste etwas auf meinem Bett. Plötzlich sah ich eine Maus auf dem Wandregal entlang rennen, wo wir unser Kochgeschirr stehen hatten. Langsam zog ich meine Pistole, zielte, drückte ab und traf (was ich nie vermutet hätte). „Mausetot" fiel das Tier in eines der Geschirre. Schleunigst ließ ich den Kadaver verschwinden und putzte die Schüssel fein säuberlich aus. Erzählt habe ich es keinem der Männer.

Bereits Anfang November sank das Thermometer nachts auf über 40 Grad unter Null. Von nun an waren die Verluste durch Erfrierungen mindestens genauso hoch wie durch Feindeinwirkung – und wenn durch Feindeinwirkung, dann meist durch Scharfschützen. Wir hatten unsererseits ebenfalls Scharfschützen. Fielen bei einem Angriff Russen in der Nähe unserer Schützengräben, versuchte mancher, sich der weitaus wintertauglicheren Kleidung, vor allem der russischen Stiefel, zu bedienen. Ich war 19 Jahre alt und Fähnrich (Offiziersanwärter). Die Männer in meiner Gruppe hätten teilweise fast meine Väter sein können. Natürlich wollte ich Vorbild sein und fühlte mich für diese Männer verantwortlich. Wenn wir auf Posten standen, kam es häufig vor, dass ich zum einen oder anderen sagte: „Komm leg dich in die Falle, ich übernehme für dich." Wie gesagt waren wir für derartige Minustemperaturen in keiner Weise ausgerüstet, was zur Folge hatte, dass ich mir an allen Zehen Erfrierungen 2. Grades zuzog und nicht mehr gehen konnte. Auch nach einem mehrwöchigen Aufenthalt im Lazarett Wachoditroffskajo war ich noch nicht wieder fronttauglich. Übrigens habe ich bis heute nicht mehr an allen Zehen Nägel.

Der Zahlmeister des dortigen Lazaretts sprach gern und häufig dem Wodka zu und das oft schon in den Morgenstunden. Da ich gelernter Kaufmann war, wurde ich ihm zur Seite gestellt und schon bald übernahm ich quasi ganz seine Arbeit. Somit war ich verantwortlich für die Abholung der Verpflegung im Hauptlager, für deren weitere Verteilung und musste darüber Buch führen. Gab es das eine oder andere Mal Engpässe bei der Verpflegung, konnte ich mich mittlerweile auf russisch gut mit den alten einheimischen Bauern verständigen und irgendeinen Tauschhandel organisieren. Die Völker auf dem Kaukasus waren uns ohnehin wohlgesinnt, denn sie standen ihrerseits unter der Knute Moskaus und sahen in uns Deutschen die erhofften Befreier. Leider sollte mein Job als „Zahlmeister" nur ein kurzes Zwischenspiel bleiben, denn sobald mein Zustand sich soweit gebessert hatte, musste ich wieder vor an die Front.

Diese hatte sich mittlerweile weit zurückgeschoben, sodass mein neues Einsatzgebiet nun auf der Halbinsel Krim lag. Dort lag ich am 22. Januar '44 in der Nähe der Stadt Kertsch im Schützengraben, als ich durch einen Granatwerfereinschlag verwundet wurde. Granatsplitter bohrten sich in mein Bein, vor allem in mein Knie. Mit einer der letzten Ju wurde ich übers Schwarze Meer nach Odessa ins Hauptlazarett geflogen. Heute muss ich sagen, dass ich und alle, die mit dieser Maschine mit flogen, unser weiteres Leben dem Piloten zu verdanken haben. Obwohl als Rot-Kreuz-Transportmaschine deutlich gekennzeichnet, wurden wir von russischen Jagdfliegern angegriffen. Doch der Pilot beherrschte sein Handwerk souverän und verstand es immer wieder, waghalsige Ausweichmanöver zu fliegen, um so den Angreifern zu entkommen, während wir dabei mit unseren Verletzungen nur so durcheinander gewirbelt wurden. Schließlich kamen wir nach mehrstündigem Flug mit flauem Magen und bleichen Gesichtern in Odessa an.

Das Lazarett war in einem alten Schulgebäude eingerichtet, in dem ich zusammen mit 31 anderen Kameraden untergebracht wurde. Sofort wurde mir ein Beckengips angelegt, um das benachbarte Gelenk des kaputten Knies ruhig zu stellen. So lag ich mehrere Wochen im Bett, doch der Heilungsprozess wollte nicht voran gehen und die Wunde eiterte stark. Eines Tages kam ein Sanitäter und schaute sich die Wunde erneut an: „Wenn das Eitern bis morgen nicht aufhört, muss das Bein amputiert werden!"

Ich war wie vom Blitz getroffen. Der Gedanke, dass ich mein Bein verlieren würde, raubte mir fast den Verstand.

Noch am selben Tag kam ein hoher Militärarzt auf Visite und schaute sich alle Verwundungen an. Ich lag ganz vorne, also kam er als erstes zu mir. Als ich ihm die Situation darlegte, konnte ich meine Tränen nicht unterdrücken: „Ich habe erfahren, dass morgen mein Bein abgenommen werden soll. Ich war doch so ein guter Sportler und habe immer viel und gern Sport getrieben!" In der Tat war ich im Altkreis Gmünd der zweitschnellste Hundertmeterläufer. Der Arzt schob die Unterlippe vor und zurück, nickte nachdenklich mit dem Kopf und ging weiter. Voller Erwartung schaute ich ihm nach. Obwohl er nichts gesagt hatte, spürte ich irgendwie, dass dieser Mann mir helfen würde. Als er seine Visite schließlich beendet hatte, kam er wieder bei mir vorbei und sagte: „Stellen Sie Antrag auf Verlegung ins Heimatlazarett!" Sofort rief ich einen Sani zu mir und diktierte ihm ein kurzes Schreiben. „Renn dem Arzt hinterher und lass das von ihm unterschreiben!", wies ich ihn an.

Zwei Tage später lag ich im Lazarettzug Richtung Schwäbisch Gmünd. Ganz so reibungslos sollte die Fahrt allerdings nicht verlaufen. Durch die ständigen Erschütterungen während der Reise bekam ich eine schwere Knochenhautentzündung, die mir so starke Schmerzen bereitete, dass ich nicht weiter transportfähig war. Im schlesischen Frankenstein wurde ich deshalb ausgeladen und in einem dreiwöchigen Aufenthalt die Entzündung auskuriert. Zu Ostern war ich schließlich in Gmünd, wo mir die Granatsplitter herausoperiert wurden.

Das Rasseln von Panzerketten ließ mich hochschrecken! Während ich tief Luft holte und den Karabiner fest umklammerte wurde mir einmal mehr klar, was für ein Wahnwitz sich hier abspielte. Fünf Krüppel ohne panzerbrechende Waffen gegen eine ganze Panzerkolonne. Ein Treffer aus dem Panzer würde uns mit samt unseren Sandsäcken in die Ewigkeit pusten. Dann tauchte der erste Panzer auf. „Warten, noch nicht schießen", raunte ich den anderen zu „Lasst sie noch etwas näher kommen". Obwohl ich schon einige Kampfhandlungen hinter mir hatte, schlug mir in diesem Moment das Herz bis zum Hals. Das Panzerrohr hatte ich dabei immer fest im Blick, falls es auf uns zielen sollte. Im Abstand von einigen Metern folgte nun Panzer auf Panzer. „Feuer!!" rief ich und sowie unsere Gewehrsalven loskrachten, hörten wir sie an der Panzerung mit hellen Tönen abprallen.

„Hande hoch! Hande hoch!!" rief plötzlich eine Stimme aus einem der Panzer. Wir sahen uns kurz an. Ich nickte und wir machten „Hande hoch."

Natürlich waren wir von nun an Kriegsgefangene der Franzosen. Für die folgende Nacht sperrte man uns in eine Feldscheune und stellte zu unserer Bewachung einen Mann ab. Aus französischer Sicht ein Fehler, wie sich bald herausstellen sollte. Die Scheune war nicht fest abgeschlossen und der Posten, ein schwarzer Kerl, lief monoton seine Runden. Wir ließen einige Stunden bis tief in die Nacht vergehen, um Ruhe vorzutäuschen. So leise wie möglich schoben wir dann das große Tor einen schmalen Spalt auf. „Wenn er das nächste Mal vorbeikommt, schlagen wir zu", flüsterte ich und hielt einen Holzknüppel bereit. Einige Minuten vergingen, dann schlenderte der Posten, der keinen Stahlhelm trug, wie geplant an dem Tor entlang. Als er an der Öffnung vorbeikam, holte ich aus und schlug zu. Nicht tot, aber fast geräuschlos, sackte der Mann zu Boden. So schnell wie möglich machten wir uns aus dem Staub.

Als nächstes galt es unsere Uniformen irgendwie loszuwerden und an normale Kleidung zu gelangen. In den Morgenstunden kamen wir in ein Dorf und trafen dort auf eine Frau, die wir um Hilfe baten. „Kommt mit!", sagte sie. „In der Schule liegt eine Sammlung vom Winterhilfswerk. Ich hab einen Schlüssel. Da finden wir bestimmt was." Tatsächlich wurden wir alle „neu" eingekleidet. Ich bekam das Arbeitsgewand eines Gipsers. An der Jacke und auf der Mütze hingen noch richtige Gipsbatzen. So getarnt schlugen wir uns die nächsten Tage, oder besser gesagt Nächte, Richtung Heimat durch. Ich kannte die Gegend hier um Reutlingen fast wie meine Westentasche. Denn nach meiner Entlassung aus Gmünd (Weihnachten '44) wurde ich abgestellt als Volkssturmausbilder. Abends musste ich hier auf den Dörfern zusammen mit einem Offizier den alten Männern erklären, wie man z.B. ein MG bedient. Eugen Böttinger sollte später noch oft sagen: „Ohne dich und deine Ortskenntnis wäre ich damals nicht mehr heim gekommen!"
An geeigneter Stelle zweigte jeder ab und suchte sich seinen Weg bis nach Hause. Am 27. April 1945 schließlich ging ich über die Wiesen von Lindach her kommend auf unser Haus zu. Meine Mutter erkannte mich zunächst nicht. Unser Hund Max dagegen wusste sofort, wer die Gestalt war, die sich dem Haus näherte und bellte wie verrückt.

Zuhause war ich nun, hatte aber jetzt ein ganz anderes Problem. Da ich de facto nicht existent war, also auch keine Entlassungspapiere o.ä. hatte, bekam ich natürlich auch keine Lebensmittelmarken. Wann der Krieg offiziell beendet sein würde, konnte auch niemand wissen. Also blieb mir nichts anderes übrig, als mich in Aalen, im Kriegsgefangenenlager der Amerikaner, zu melden, d.h. in Gefangenschaft zu gehen. Zwei Tage und Nächte musste ich dort bleiben, dann wurde ich entlassen und hatte die Papiere, die zum weiteren Überleben notwendig waren.

Zur Person:
Am 09.02.1924 in Schwäbisch Gmünd geboren, wächst Georg Maier im elterlichen Haus ganz am Ortsrand von Brainkofen Richtung Leinzell auf. Nach der Schulzeit in Iggingen macht er eine kaufmännische Lehre bei der Firma Müller in Leinzell. Von März '42 bis Januar '43 absolviert er den Reichsarbeitsdienst in Biberach. Im Juni 1943 wird Georg Maier schließlich zur 101. Jägerdivision in den Kaukasus verlegt. Nach Kriegsende bis zur Rente arbeitet er wieder bei der Firma Müller in Leinzell als Reisender. Mehrmals versucht er auf Geschäftsreisen Kameraden aus seiner ehemaligen Kompanie aufzusuchen. Doch fast jedes Mal bekommt er zu hören: „Gefallen" oder „gilt als vermisst". 1947 heiratet Georg Maier und kurze Zeit später wird gleich neben dem Elternhaus neu gebaut. Hier lebt er bis heute mit seiner Frau.

❶ *Tuapse/Kaukasus/Russland* / *Gebirgsstellungen, Erfrierungen Nov. '43*
❷ *Kertsch/Halbinsel Krim* / *Verwundung am 22. Januar 1944*
❸ *Odessa (heutige Ukraine)* / *Lazarett*

05.05.2008 ERNST SCHAUAUS

„Meine Gedanken und Erinnerungen gehen zurück in die letzten Kriegsjahre und die Nachkriegszeit in meiner südmährischen Heimat, im Dorf Fratting. Ich war damals noch ein Junge im Grundschulalter und erinnere mich an lange Wintermonate, an denen die geöffnete Ofentür die einzige Lichtquelle im Haus war. Seit den verstärkten alliierten Luftangriffen gab es den Verdunklungserlass und damit war elektrisches Licht verboten. Meine Mutter und meine ältere Schwester Gerti mussten unsere kleine Landwirtschaft irgendwie durchbringen, während ich meistens in der Obhut der Großmutter war. Unser Vater indessen war an der Ostfront in Russland – bei der 6. Armee – genau der Armee, die in Stalingrad Hitlers Durchhaltewahn geopfert werden sollte. An einen Heimaturlaub meines Vaters erinnere ich mich noch gut. Es muss 1942 gewesen sein, ich war damals fünf Jahre alt. Für meinen Vater bedeutete ein solcher Urlaub, wie für die meisten anderen Männer auch, zunächst einmal Arbeit. Denn dann war, wenigstens für kurze Zeit, die ersehnte männliche Arbeitskraft zurück und konnte die eine oder andere Arbeit erledigen, die die Frauen sonst nicht schafften. Doch auch dieser Urlaub ging wie immer viel zu schnell zu Ende und es hieß wieder Abschied nehmen. Ich war noch zu klein, um zu verstehen, warum meine Mutter so weinte, als wir im Hof standen und ihm hinterher winkten.

111

So standen wir noch eine Weile da, obwohl wir ihn schon nicht mehr sehen konnten, ehe wir ins Haus gingen. Die Mutter setzte sich an den Tisch und rieb sich mit der Schürze die Tränen von den Wangen. Plötzlich riss sie die Augen weit auf und zeigte auf den feldgrauen, zylinderförmigen Behälter mit dem Trageriemen, der dort in der Ecke lag. „Die Gasmaske!!", riefen meine Mutter und meine Schwester gleichzeitig. „Vater hat die Gasmaske vergessen!" „Ernst, renn so schnell du kannst und bring sie ihm!"

Also rannte ich los. Der Vater musste zu Fuß in den Nachbarort Drosendorf, um dort den Zug zu besteigen, der ihn wieder Richtung Osten bringen sollte. Den Behälter mit der Gasmaske hatte ich mir umgehängt wie die Soldaten. Natürlich war ich stolz einen so wichtigen Auftrag bekommen zu haben. „Und der Vater wird bestimmt auch stolz auf mich sein, wenn er sieht, was ich ihm bringe", dachte ich mir. Ich hatte unser Dorf schon hinter mir gelassen und musste schwer schnaufen, denn jetzt stieg das Sträßchen auch noch an. Da sah ich ihn auf der Anhöhe gehen, schweren Schrittes und in Gedanken. Ich schrie so laut ich konnte und was die Luft hergab. Dann drehte er sich um und sah mich auf sich zu rennen.
Mein Vater war ein sehr emotionaler Mensch. Als er sich die Gasmaske umgehängt hatte, ging er zu mir herunter in die Hocke, drückte mich so fest er konnte und ich sah wie dicke Tränen über sein Gesicht liefen…

Vor allem die Sommermonate bedeuteten für die Frauen sehr harte Arbeit. Mein Onkel, der Bruder meiner Mutter, der im Nachbarort eine größere Landwirtschaft hatte, durfte in den ersten Kriegsjahren noch zu Hause bleiben, weil bereits drei seiner Brüder eingezogen waren. So konnte er uns viel helfen. 1944 jedoch musste auch er einrücken, nachdem der jüngste Bruder seit Stalingrad vermisst war. Mein Vater hatte ihn noch getroffen bevor er selbst mit einem Lazarettzug zurückgebracht und der Kessel um die Stadt geschlossen wurde. Seitdem verliert sich die Spur des Onkels für immer.

Anfang 1945 rückte die Front immer näher, bis schließlich im April ein russischer Panzerverband die Dorfstraße bei uns in Fratting entlangfuhr. Es gab Gott sei Dank keinerlei Kampfhandlungen, wir hatten auch nie Deutsche Soldaten gesehen. Zwar hatte ein „eifriger" Ortsgruppenführer dem „Volkssturm", bestehend aus kranken und alten Männern, befohlen Straßensperren zu errichten, doch erwiesen sich diese für die schweren russischen Panzer bestenfalls als Spielzeughindernis. Die größte Sorge indes galt den Frauen und Mädchen, die sich oft tagelang vor den Russen versteckten.

Ich war damals Ministrant und erinnere mich an eine Beerdigung. Der Trauerzug musste von der Kirche entlang der Dorfstraße, die voll war mit Panzern und Soldaten, zum Friedhof. Alle hatten ein mulmiges Gefühl, wie sich die russischen Soldaten wohl verhalten würden. Zu unserer allgemeinen Überraschung machten sie eine Gasse frei und standen Spalier. Einige nahmen sogar ihren Helm ab.

Nach einigen Tagen zog die Einheit weiter nach Westen. Es folgten noch drei Wochen der Ungewissheit, bis am 8. Mai 1945 Deutschland kapitulierte. In den nun folgenden Wochen häuften sich die Meldungen von Übergriffen tschechischer Milizen an der deutschen Bevölkerung. Gerüchte über die Vertreibung aller Deutschen aus ihrer Jahrhunderte lang angestammten Heimat machten die Runde.

Am 9. Juni 1945, es war ein herrlicher Frühsommertag, wurde mein Vater aus dem Stall weggeholt. Er war bereits 45 Jahre alt und hatte den Krieg durch ein schweres Bruchleiden überlebt, aufgrund dessen er mehrmals operiert worden war und danach nicht mehr an die Front musste. Sonst wäre auch er in Stalingrad geblieben. Jetzt wurde er geholt, um als Hornist bei der Feuerwehr die Einwohner zusammen zu rufen. Alle versammelten sich gespannt auf dem Hauptplatz in der Dorfmitte. Es wurde bekannt gegeben, dass binnen weniger Stunden alle Deutschen ihre Heimat in Richtung österreichische Grenze zu verlassen haben. An Habseligkeiten durfte nur mitgenommen werden, was man tragen konnte oder auf ein Leiterwägelchen passte. Wir hatten das Glück, nur 3 km von der österreichischen Grenze entfernt zu leben, im Gegensatz zu den Tausenden anderen, die viele Tagesmärsche brauchten, um in Sicherheit zu sein.

Wir kamen auf österreichischer Seite bei einer bekannten Familie unter und waren fürs erste versorgt. Einige mutige Männer versuchten immer wieder bei Nacht zurück über die Grenze zu gelangen, um noch diverse Sachen zu holen. Fast jede Familie hatte noch eiligst irgendwelche Wertgegenstände – oder was dafür gehalten wurde – versteckt oder gar vergraben. Es gab Berichte, dass von diesen nächtlichen Grenzgängern einige erschossen wurden.

Im Sommer und Herbst lief von österreichischer Behördenseite die landesweite Verteilung der vielen Heimatvertriebenen auf verschiedene Ortschaften an. Wir landeten in Zissersdorf, nur wenige Kilometer von unserem Heimatort entfernt, bei einer Wittfrau, die alles andere als gastfreundlich war. Der Winter 1945/46 ist mir noch heute in schrecklicher Erinnerung. Erst nach mehrmaliger Aufforderung an die Hausfrau seitens der Behörden durften wir in dem einzigen Zimmer, in dem wir hausten, einen Ofen aufstellen, mit Ofenrohr durchs Fenster. Mein Vater arbeitete in einem Sägewerk zu geringstem Lohn und brachte ab und zu einen Rucksack voll Abfallholz mit nach Hause, was dann für ein bisschen Wärme sorgte. Allgemein war die Versorgungslage, vor allem mit Lebensmitteln, derart schlecht, dass uns nichts anderes übrig blieb als betteln zu gehen!
Mit der Vorstellung, in einem Ort, wo er früher oft als Musikant bei Hochzeiten und Tanzveranstaltungen aufspielte, betteln zu müssen, konnte mein Vater sich kaum abfinden. Doch die Situation ließ ihm keine andere Wahl. Also nahm er mich an der Hand, und wir gingen von Haus zu Haus.

Obwohl es mittlerweile Vorweihnachtszeit war, wurden wir an vielen Türen abgewiesen. An einem Tag, kurz vor Weihnachten waren wir wieder unterwegs, und wieder erfolglos. Mein Vater versuchte seine Verbitterung so gut es ging zu verbergen, doch ich bemerkte, wie er immer schweigsamer wurde und die Lippen aufeinander presste. Schließlich kamen wir an ein Haus, wo uns eine resolute Bäuerin mit den Worten: „Solche Leit gibt man immer wos!" eine volle Tüte reichte, in der sich „offenfühlig" Brot oder vielleicht sogar Kuchen befand. Mit Freudentränen in den Augen bedankte sich mein Vater mehrmals, ehe wir weitergingen. In gebührendem Abstand des

Hauses öffneten wir neugierig und voller Vorfreude die Tüte. Der Inhalt war ein Schlag ins Gesicht: Von einer dicken Schimmelschicht überzogenes, vergammeltes Brot...

Zu Weihnachten verstärkte sich die depressive Stimmung, so dass meine Eltern angesichts der Notlage völlig verzweifelt waren. Erst viele Jahre später erfuhr ich, dass mein Vater sich mit dem Gedanken trug, mit der Familie in den Tod zu gehen.

Im März 1946 verdichteten sich die Meldungen, dass Transporte zusammengestellt würden in Richtung Deutschland. Als sich dann unser Zug von Wien aus tatsächlich in Richtung Westen in Bewegung setzte, war allen in den Waggons eine gewisse Erleichterung anzumerken. Hatte man doch immer wieder von Transporten in Richtung „Arbeitslager Sibirien" gehört. Für mich, als nun fast Neunjährigen, war eine solche Zugfahrt natürlich ungemein spannend. Dennoch mischte sich bei vielen der Erwachsenen zu der genannten Erleichterung Wehmut. Denn immer weiter entfernte man sich von der Heimat. Viele, darunter auch mein Vater, hatten immer noch geglaubt, oder zumindest gehofft, dass alles nur vorübergehend sein würde und man bestimmt bald wieder zurückkehren würde.

In Melk an der Donau war ein riesiges Sammellager errichtet, wo wir noch eine Weile verbringen mussten. Neben der Verpflegung waren hier vor allem die hygienischen Verhältnisse eine Katastrophe. Über eine große Grube waren Bretter gelegt, in die Löcher gesägt waren. Darin verrichteten alle ihre Notdurft. Meine Eltern verboten mir alleine hinzugehen, weil schon Kinder hineingefallen und ertrunken waren.

Erneut wurden Transporte zusammengestellt, die Menschen in Waggons gepfercht und es ging langsam Richtung Deutschland. Die Fahrt bis nach Schwäbisch Gmünd dauerte über eine Woche. Oft standen wir tagelang auf freier Strecke und niemand wusste, warum es nicht weiterging.

Noch einmal war Erleichterung zu spüren, als wir von der russischen in die amerikanische Besatzungszone übergeben wurden. Für alle gab es Erbsensuppe mit Würstchen und Brot und für uns Kinder noch eine Tafel Schokolade.

In Schwäbisch Gmünd angekommen, wurden wir in der „Jahn-Turnhalle" untergebracht, einige andere aus dem Transport in Baracken in der Weststadt. Nach einer gründlichen Entlausung durften wir auch in das städtische Hallenbad, für mich ein ganz besonderes Ereignis, da ich nie zuvor etwas Derartiges erlebt hatte. Von nun an quälte ich meinen Vater dauernd, öfters dort hinzugehen, denn ich wollte unbedingt schwimmen lernen.

Von Gmünd aus wurden wir auf die umliegenden Gemeinden verteilt, denn es kamen wöchentlich neue Transporte an. So landeten wir in Iggingen und wurden dort zunächst im Adlersaal untergebracht. Aufgabe der Gemeinde war es nun, die Familien in Wohnungen einzuquartieren. Nach wenigen Tagen brachte uns Xaver Stegmaier mit seinem Pferdefuhrwerk nach Schönhardt. Eine große Kinderschar

---

Stichwort: Unterbringung der Vertriebenen

Die 12 Millionen deutschen Volkszugehörigen, die aus den deutschen Ostgebieten und dem Sudetenland flohen oder vertrieben wurden, in Deutschland aufzunehmen und einzugliedern war eine gewaltige Leistung und stellte für viele Stadt-Kreisverwaltungen die zentrale Herausforderung der Nachkriegsjahre dar. Die einzelnen Bundesländer waren davon nicht gleichermaßen betroffen. Auf das Gebiet des heutigen Baden-Württembergs kamen 862.000 Vertriebene, was 13,5% der Bevölkerung ausmachte. Zum Vergleich: In Mecklenburg-Vorpommern machte die Zahl der Heimatvertriebenen 1950 45 % der Bevölkerung aus. Da der Kreis Schwäbisch Gmünd im Krieg nur wenig Zerstörung erfahren hatte, wurde er besonders stark mit Vertriebenen belegt. Bis 1949 stieg die Zahl auf 21.469 Menschen an, was 30,8 % der Gmünder Bevölkerung entsprach. Die Sudetendeutschen stellten dabei die stärkste Gruppe. Der Einweisung der Heimatvertriebenen in Privatwohnungen ging eine Wohnraumerfassung durch das „Aufnahmeamt" voraus. Jedes einzelne Zimmer wurde mit Metermaß und Zollstock registriert, außerdem jedes Möbelstück. Die dann folgende Einweisung der Vertriebenen ging nicht immer glatt vonstatten. Es kam vor, dass die Polizei, oder gar die Justiz, eingreifen musste.

Der in den darauf folgenden Jahren von den Heimatvertriebenen deutschlandweit ausgelöste Bauboom bildete den Anstoß für das „deutsche Wirtschaftswunder".

Heute zeugt eine große Anzahl von Straßennamen und ganze Siedlungen (Rehnenhof) von der damaligen Ansiedlung der Heimatvertriebenen.

Quelle: Bundesministerium für Vertriebene, Flüchtlinge und Kriegsgeschädigte (Hg.): Dokumentation der Vertreibung der Deutschen aus Ost- und Mitteleuropa. Einhorn Jahrbuch Schwäbisch Gmünd 1983, Ernst Lämmle: Die Ankunft der Heimatvertriebenen.

stand bereits am Straßenrand, denn es hatte sich herumgesprochen, dass „neue Flüchtlinge" kommen. Wir hatten das große Glück, bei Brenners („Franza") den Umständen entsprechend freundlich aufgenommen zu werden, was man nicht von allen behaupten konnte. Aber wer wollte es den Menschen verdenken, es handelte sich immerhin um Zwangseinweisungen? Jeder sollte sich heute an die eigene Brust klopfen: „Wie würde ich reagieren?"

Noch daheim in Südmähren: Ernst Schauaus am Tor des elterlichen Hofes in Fratting!

Zur Person:

Das Sudetenland, wo Ernst Schauaus am 18. April 1937 zur Welt kommt, wird nach dem Münchner Abkommen 1938 der Tschechoslowakei entrissen und Hitlers Reich eingegliedert. Der Ort Fratting liegt heute direkt an der österreichisch-tschechischen Grenze. Nach der Vertreibung besucht Ernst Schauaus in Schönhardt die Schule von der 4. Klasse an und macht anschließend eine Weberlehre in Heubach bei „Spießhofer und Braun" (später „Triumph")

Nach abgeschlossener Lehre zieht es Ernst Schauaus ins Amiwerk, wo inzwischen auch sein Vater arbeitet.

Dieses Werk, am Westrand Schwäbisch Gmünds, wo amerikanische Militärfahrzeuge generalüberholt und gewartet wurden, erwies sich für sehr viele Heimatvertriebene als Glücksfall. Männer aus der Landwirtschaft und auch ungelernte Arbeitskräfte fanden hier eine Anstellung bei guter Bezahlung. Zwischenzeitlich baut Vater Johann Schauaus als erster in der „Siedlung" in Iggingen und 1956 zieht die Familie von Schönhardt ins neue Eigenheim. Zahlreiche Heimatvertriebene lassen sich dort im Gebiet „Siedlungsweg" und „Sturzäckerstraße" in den folgenden Jahren nieder. 1959 gelingt Ernst Schauaus der Sprung in die ZF, wo er nach einer Umschulung zum Elektriker Anfang der 70er, bis zu seiner Frühpensionierung 1993 arbeitet.

1962 wird geheiratet. Seine Frau Hedwig kommt aus Bettringen und ist ebenfalls eine Heimatvertriebene aus Südmähren. Zusammen mit ihr baut er 1976/77 noch einmal ein Haus im Baugebiet „Großer Berg", wo das rüstige Paar bis heute lebt.

Ernst Schauaus ist Ehrenvorsitzender des VfL-Iggingen, dem er elf Jahre lang (1980-1991) vorstand. Außerdem war er langjähriges Mitglied des Gemeinderates und hatte dabei von 1989 bis 1999 die Funktion des stellvertretenden Bürgermeisters inne. 1999 bekommt Ernst Schauaus die Ehrennadel in Silber des baden-württembergischen Gemeindetages verliehen.

❶ **Fratting (tschech. = Vratenin)** / *Geburtsort* / *Vertreibung 09.06.45*
❷ **Melk/Donau** / *Auffangslager*
❸ **Zissersdorf** / *1. Unterbringung nach der Vertreibung*

119

„Herr Schauaus, Sie sind also zu mir gekommen um alte Wunden aufzureißen!" „Das ist nicht meine Absicht", antworte ich. „Falls es beim Erzählen doch passieren sollte, täte es mir natürlich leid. Aber vielleicht ist ja die beste Art ein Trauma zu verarbeiten immer wieder davon zu erzählen."
Albert Seitz nickt hektisch und beginnt zu erzählen.

„MYO...MYO...MYO..." Es bestand kein Zweifel. Die verschlüsselte Nachricht, die von der Flugleitzentrale in Lyon (Südfrankreich) an mein Ohr drang, lautete tatsächlich „MYO" und das bedeutete: Feindeinflug!!
Es war der Ostersonntag 1944 und ich stand kurz vor dem Abschluss meiner Bordfunkerausbildung. Wir befanden uns zusammen mit mehreren anderen Maschinen auf einem Schulflug in Richtung Norden entlang dem Tal der Saône. Sofort gab ich die Meldung meinem Flugzeugführer Dammerschoun weiter. Im gleichen Moment wurden mir auch schon die Gradnetzmeldezahlen durchgegeben. Anhand dieser Zahlen ließ sich ermitteln, aus welcher Richtung die feindlichen Maschinen heranflogen. „Die fliegen ja auf uns zu!!", rief ich laut. Es dauerte noch etwa zehn Minuten

121

– dann kam die Meldung „QAB". Unverschlüsselt bedeutete das: Alle Maschinen zurück zum Flughafen nach Lyon! Dammerschoun allerdings zeigte sich von diesem Befehl wenig beeindruckt. „Melden Sie zurück: Wir fliegen nicht nach Lyon, sondern nach Dole. Ich kenne da eine nette Kantine mit leckerem Essen".

Etwas verunsichert fragte ich noch einmal nach, ob er es damit tatsächlich ernst meinte, schließlich war das eine Befehlsverweigerung. Doch er meinte es ernst und ich gab die Meldung durch – allerdings ohne den Zusatz mit der Kantine.

Diese Aktion sollte uns vermutlich das Leben retten. Alle anderen Maschinen machten kehrt, vier davon jedoch sollten Lyon nie mehr erreichen. Die Kameraden wurden von den amerikanischen Jägern abgeschossen. Außerdem wurde der Flugplatz Lyon angegriffen und so schwer beschädigt, dass wir über eine Woche in Dole verweilen mussten. Dammerschoun dagegen wurde für seine Tat in aller Form gelobt und ich hatte gelernt, dass es oft besser ist den Verstand einzuschalten, als sturen Gehorsam zu üben. Später sollte sich dies noch auszahlen.

Mit Abschluss der Bordfunkerausbildung wurde ich sofort zum Unteroffizier befördert. Im April machte ich von Salon de Provence aus meine ersten Feindflüge mit dem Zielgebiet Malta. Die Mittelmeerinsel war fest in der Hand der Engländer. Unser Auftrag lautete jeweils: „In 3000 m Höhe anfliegen, die Bombenlast über der Hafenanlage abwerfen und dann in 300 m Höhe zurück fliegen". In Salon (etwas nördlich von Marseille) lag das Kampfgeschwader 100. Ich flog in einer Ju88 G, einer Weiterentwicklung der Ju88. Dieser neue Typ G hatte eine Panzerung hinter dem Flugzeugführer und dem Bordfunkersitz, die 2-cm-Geschossen standhalten konnte. Die Besatzung bestand aus vier Mann. Ganz vorne saß der Beobachter, dann im Cockpit der Flugzeugführer – im Fachjargon Kutscher genannt – neben ihm ich als Bordfunker und ganz hinten der Bordschütze. Die Ju88 G war ein Sturzkampfbomber mit hoher Reichweite, der universell eingesetzt werden konnte, auch als Nachtjäger. Hin und zurück beträgt die Entfernung Salon – Malta ca. 2000 Kilometer. Die Maschine hatte eine Reichweite von 2700 km. Also hatte man noch 700 km Reserve für Unvorhergesehenes.

Am 29. April (einem Samstag) kam erneut der Einsatzbefehl Malta anzugreifen – mit einem einzelnen Flugzeug. Das war durchaus üblich, um möglichst wenig Aufsehen zu erregen. Wir erreichten die maltesische Hauptstadt La Valetta um die Mittagszeit und stürzten uns wie geplant mit der Maschine aus 3000 m Höhe in die Tiefe, um auf ca. 1500 m Höhe unsere Bombenlast abzuwerfen. Trotz Flakabwehr gelang es uns, die ganzen drei Tonnen der zerstörerischen Fracht auszuklinken. Ich sah riesige Rauchwolken unter uns aufsteigen, als Ergebnis unserer Bombardierung. Dann nichts wie weg. Zunächst Richtung Nordwesten durch die Meerenge zwischen Sizilien und Nordafrika, dann hoch Richtung Norden zwischen Sardinien und Italien hindurch. Wir flogen wie gesagt nur 300 m über dem Meer und befanden uns bereits auf der Höhe von Neapel, als der Bordschütze plötzlich schrie: „Mustangs von hinten!!" Aufgrund der hochgezogenen Panzerung konnte ich nicht über die Schulter nach hinten schauen. Doch mit Hilfe eines Taschenspiegels gelang mir ein Blick nach hinten. Tatsächlich! Drei Mustangs schossen von hinten oben direkt auf uns zu und feuerten aus ihren Bordkanonen. „Jetzt ist es aus!", durchfuhr es mich. „Hier komm ich nicht mehr lebend raus". Obwohl wir nun ohne Fracht Höchstgeschwindigkeiten zwischen 500 und 550 km/h fliegen konnten, waren die Mustangjäger wesentlich schneller und wendiger als unser Bomber. Um uns jedoch wirklich zu treffen mussten die Verfolger mit der ganzen Maschine auf uns zielen, also direkt von hinten oben auf uns zuhalten, sonst konnten sie keine Treffer setzen. Dann sah ich, wie eine Rauchsäule aus einer der Tragflächen aufstieg: unser rechter Motor war getroffen! Sekunden später flog die erste Mustang über uns hinweg und der Pilot dieser Maschine musste nun alles daran setzen, schnellst möglich wieder an Höhe zu gewinnen. Hier zeigte sich nun der Grund, warum wir in nur 300 m Höhe flogen. Die Angreifer waren so gezwungen, in einem steilen Winkel von oben heranzufliegen. Und 300 Meter sind verdammt wenig, um die Maschine anschließend noch hoch zu ziehen. Unsere Taktik ging auf: Die erste Mustang stürzte vor uns ins Meer. Die beiden anderen Jäger drehten danach sofort ab.

Das alles half uns jetzt aber nicht weiter. Unsere Maschine und auch der Bordschütze und Beobachter waren getroffen und wir stürzten ab!

Die beiden Verwundeten schrien noch auf, als wir unsanft auf der Wasseroberfläche entlang schliffen und sich vor uns eine gewaltige Wasserfront aufbaute. „Jetzt bloß die Nerven behalten und klare Gedanken fassen – keine Fehler machen", versuchte ich mir einzureden. Der Kanzelabwurf funktionierte noch, dann nichts wie raus aus der sinkenden Maschine. Schnell noch den Sitzfallschirm loswerden und den Mechanismus auslösen, der die Schwimmweste aufbläst. Den beiden verwundeten Kameraden konnten wir nicht mehr helfen. Das Meer schluckte die beiden mitsamt unserer Ju. Danach trat eine unheimliche und trügerische Ruhe ein. Es war nachmittags 13.30 Uhr. Kein feindliches Flugzeug mehr am Himmel, keine Wolke, strahlender Sonnenschein und ringsum das unendlich scheinende Meer, in dem ich als winziger, einsamer Punkt trieb. Vom Kutscher Ernie Vulp fehlte ebenfalls jede Spur. Er musste wohl irgendwo in eine andere Richtung getrieben sein. Die Wassertemperatur betrug etwa 18° Celsius und mir wurde schnell kalt.

In einer Brusttasche unserer Fliegerkombination befand sich ein wasserdichtes Notsignalgerät. In den ersten beiden Minuten jeder vollen Stunde, sowie in der 30. und 31. Minute, musste man im Notfall an der Kurbel dieses Geräts drehen – wenn man konnte. Dann wurde automatisch ein verschlüsseltes Signal gesendet, in der Hoffnung, dass es von irgendeinem deutschen Stützpunkt aufgefangen und dann ein Rettungsflugzeug losgeschickt würde. An diese Vorgabe konnte ich mich nur eine Stunde lang halten, dann war ich bereits so unterkühlt und meine Glieder steif, dass ich fast völlig bewegungsunfähig war.

Die Notration Schokolade und die Coca-Cola hatte ich bereits verzehrt, die Stunden vergingen und meine Unterkühlung nahm zu, je länger je mehr. Zweimal tauchte vor meinen Augen das Antlitz meiner Mutter auf.
„Kündigt sich so der Tod an? Ist das bereits der Tod?" Es war tatsächlich so, als greife der Tod mit leiser, kalter Hand nach mir. Das Signal schien niemand empfangen zu haben. Sollte es also mit mir und meinem Kindheitstraum vom Fliegen hier und auf diese Weise zu Ende gehen?

Pfingsten 1940. Taufe und Ausstellung des von der Flieger-HJ Iggingen gebauten Segelflugzeugs „Horst Wessel" im Schulhof. Albert Seitz im Cockpit.

In der alten Scheune an der Böbinger Straße außerhalb von Iggingen hatte alles angefangen. Was waren wir für eine tolle Gruppe von Jungen, die alle ein Ziel und einen gemeinsamen Traum hatten: In einem selbstgebauten Flugzeug in den Lüften zu schweben. Mehrmals die Woche radelte ich von meinem Heimatort Hussenhofen nach Iggingen rauf zu meinen Fliegerfreunden und wir kamen tatsächlich unserem Traum jedes Mal ein Stück näher. Josef Seibold, Emil Stütz, Hermann und Ludwig König, Hermann Brenner, Anton Grimm (Zimmern), Anton Leinmüller (Herlikofen, gefallen) u.a.. Allesamt waren wir bereits versierte Handwerker und Bastler; gelang es uns doch in dieser Scheune anhand von Modellbauplänen zwei Tragflächen für ein Segelflugzeug zu konstruieren. Bald schon wurde die ansässige Parteiführung auf uns junge Tüftler aufmerksam und so wurde 1938 aus der privaten Fliegergruppe die „Flieger-HJ Iggingen".

Für uns hatte das enorme Vorteile. Von nun an bekamen wir jegliche Unterstützung, die wir benötigten: Geld, Material, Fortbildungen und sogar neue Räumlichkeiten. Die alte Hofstelle Widmann (Ecke Gartenstraße – In den Höfen) wurde unser neues Fliegerheim. Hier wurde fortan gesägt, genietet, geleimt und geschraubt. Und tatsächlich – Pfingsten 1940 war es soweit: Wir stellten unser erstes selbstgebautes

Segelflugzeug – die „Horst Wessel" – der staunenden Igginger Bevölkerung im Schulhof vor. Der Beweis, dass dieses Ding auch tatsächlich fliegen konnte, wurde wenige Tage später erbracht. Auf einem Anhänger zogen und schoben wir unseren Schulgleiter mit Muskelkraft von Iggingen hinüber aufs Lindenfeld und dann weiter auf den Hornberg. Dort machte jeder von uns den A-Schein im Segelfliegen...

Flugtraining mit der „Horst Wessel" auf dem Lindenfeld.
Von links: Emil Stütz, Josef Seibold, Thomas Öchsle (Hussenhofen), Albert Seitz,
Helmut Seitz (Hussenhofen), Emil Waldenmaier (Zimmern), Hermann König, Albert
Haffa (Hussenhofen), Hermann Brenner, Otto Wirth (Hirschmühle), Fluglehrer
Zimmermann (Schw. Gmünd)

Irgendwann, so gegen 18.15 Uhr, glaubte ich das Geräusch eines Flugzeugs zu hören und versuchte mit aller Kraft, meinen verschwommenen Blick aufzuklären, um den Flieger zu sichten. Tatsächlich kreise ein Flugzeug über mir. Doch ich lag regungslos im Wasser, unfähig zu winken. Als das Flugzeug wieder abdrehte, wusste ich, dass sie mich nicht gesehen hatten und mein letzter Funke Hoffnung erlosch.

Es dauerte allerdings nur wenige Minuten, bis der Flieger wieder zurück kam.

Offenbar suchte er ein bestimmtes Gebiet ab und ich wusste, dass die Suche mir bzw. meinem Kameraden Ernie gelten musste. Also hatten sie das Signal gehört. Doch was, wenn sie mich wieder nicht entdecken?! Es ging um mein Leben und in meiner allergrößten Verzweiflung fiel mir plötzlich diese Farbpatrone ein, die wir für solche Fälle in einer Tasche des Overalls hatten. Mein Geist und mein Körper bäumten sich noch einmal auf und mobilisierten die allerletzten Reserven. Mit zitternden, steif gefrorenen Fingern tastete ich nach dem Reißverschluss und öffnete ihn. Es gelang mir, die Farbpatrone herauszunehmen und mir zwischen die klappernden Zähne zu stecken. Ich biss zu und sogleich strömte ein Gel heraus, welches etwa einen Quadratmeter Wasseroberfläche um mich herum gelb einfärbte. „Jetzt müssen sie mich sehen, jetzt müssen sie mich sehen!!", schrie ich in Gedanken.

Schließlich war es soweit: Nachdem ich fast fünf Stunden im Mittelmeer getrieben war, kam das rettende Flugzeug herunter. Zunächst wollte es gar nicht aufsetzen, doch schnell wurde deutlich, dass ich viel zu schwach war, um mich irgendwo festzuhalten oder gar hochzuziehen. Also setzte der Pilot auf dem Wasser auf und ich wurde in die Maschine geholt. In etwa einem Kilometer Entfernung wurde dann unser Kutscher Ernie entdeckt und ebenfalls gerettet. Man flog uns nach Sorento bei Neapel, wo wir mit heißen Getränken und einem heißen Bad aufgepäppelt wurden.

Stichwort: „Absturz" der Luftwaffe

An den Erfolgen der ersten Kriegsjahre (Blitzkriege) hatte die deutsche Luftwaffe großen, wenn nicht gar entscheidenden Anteil. Doch spätestens 1943 war es damit vorbei. Was vor allem fehlte war ein Großbomber mit entsprechender Reichweite. Einzig die Wunderwaffe Stuka bleibt zumindest an der Ostfront weiterhin wirksam. Gegen die Westalliierten hingegen, hatten die deutschen Luftwaffenverbände wenig zu bestellen. Dabei war Deutschland in der technischen Entwicklung weit voraus. Die ersten Raketen- und auch Düsenjäger der Welt, sowie ein Düsenbomber waren praktisch einsatzbereit. Deren Entwicklung wurde jedoch lange verzögert mit der Begründung, bevor die Maschinen einsatzbereit seien, wäre der Krieg längst zu Ende. Erst als die Alliierten die Luftherrschaft über Deutschland schon gewonnen hatten und die deutschen Städte in Trümmern lagen, standen der Luftwaffe zwei Jagdgeschwader mit Me 262, den ersten Düsenjägern der Welt, zur Verfügung.

Quelle: Christian Zentner: Illustrierte Geschichte des Zweiten Weltkriegs, München 1989, S. 231 ff.

Mit unserer deutschen Luftwaffe ging es nun spürbar dem Ende entgegen. Die Rüstungsindustrie konnte die enormen Ausfälle bei weitem nicht mehr kompensieren. So standen beispielsweise der Flugzeugführer Ernie Vulp und ich ohne Flugzeug da. Und so wie uns erging es Hunderten, wenn nicht Tausenden Mitgliedern von Flugzeugbesatzungen. Allerdings konnte es sich die Heeresleitung nicht leisten, solch hochqualifiziertes Personal auf Halde zu setzen. Also verlegte man uns kurzerhand nach Schneidemühl in Westpreußen. Dort befand sich ein großer Truppenübungsplatz des Heeres, von wo die ganzen Heeresgruppen für die geplanten Offensiven, vor allem die Ardennenoffensive, zusammengestellt wurden. Jede Artillerieeinheit brauchte ausgebildete Funker, für die Ver- und Entschlüsselung der Nachrichten (meine Spezialität), um das Artilleriefeuer mit Hilfe des VB (vorgeschobener Beobachter) zu lenken. Sämtliche Artilleriekommandeure waren dort versammelt, um sich die Leute auszusuchen, die sie brauchten. Ernie und ich wurden von einem schwäbischen Offizier der Heeresartilleriebatterie 1093 ausgesucht. Ich als Nachrichtenstaffelführer und Ernie als VB.

Um die Stadt Echternach (nördlich von Trier) tobten heftigste Kämpfe. Hierher hatte man uns mit der Artilleriebatterie verlegt. Es war mittlerweile Winter geworden und wir befanden uns mitten in den Rückzugsgefechten um Mitteldeutschland. Auch ich wurde nun als „Vorgeschobener Beobachter" eingesetzt und erhielt eines Tages den Auftrag, den VB auf der anderen Seite der Stadt abzulösen. Die Stadt an der Sauer, etwas größer als Heubach, war ein einziges Schlachtfeld und bot ein Bild des Grauens. Überall lagen rauchende Trümmer, an jeder Ecke wurde geschossen, Tote – Freund wie Feind, Zivilisten und Volkssturmleute – lagen kreuz und quer übereinander. Im Schutz der Dunkelheit versuchte ich mich möglichst unbehelligt durch Echternach zu schleichen. An einer Hausecke dann plötzlich ein Geräusch, ganz nah. Ich bemerkte, dass gleich um die Ecke jemand sein musste. Angespannt bis aufs Äußerste zog ich meine Walther-08 und drehte mich blitzschnell um das Hauseck. Was dann folgte, waren Sekundenbruchteile, die ich bis heute nicht vergessen und nicht verwinden sollte. Bis heute spielt sich die Szene wie in Zeitlupe immer wieder vor meinen Augen ab. Ich sehe diesen amerikanischen GI auf mich zukommen und wir schauen uns für einen kurzen Augenblick an. Ich habe meine Pistole schussbereit, er nicht – noch nicht. Ein Moment zwischen Hoffen, dass er es nicht tut und Bangen, es selbst tun zu müssen. Er war jung, in meinem Alter. Dann versucht auch er seine Waffe hochzureißen und lässt mir damit keine Wahl. Ich drücke ab...

Unsere Batterie war, obwohl es bereits dem Kriegsende entgegen ging, immer noch hervorragend aufgestellt. Wir hatten sechs 20-Tonner Zugmaschinen, sowie sechs Langrohrgeschütze 12/8, die auch als Flak einsetzbar waren und eine exzellente Treffsicherheit boten. Unsere Kompanie bestand aus 130 Mann und einem Pferd. Im März 1945 lagen wir bei Schweich, ebenfalls in der Nähe von Trier. Ich hatte mein Zelt neben einer riesigen Eiche aufgeschlagen. Einige schliefen im Freien, unter oder auf den Fahrzeugen. Früh morgens wurde ich durch das Getöse von heranfliegenden Bombern hochgeschreckt. Die Flugzeuge waren schon so nah, dass mir nicht einmal mehr Zeit blieb zu reagieren, etwa das Zelt zu verlassen, um eine geeignete Deckung zu suchen. Also legte ich mich im Zelt flach auf den Boden und ergab mich meinem Schicksal. Obwohl wir alle unsere Fahrzeuge und Geschütze getarnt hatten, waren wir offenbar von Aufklärern entdeckt worden. Schon schlugen die ersten Bomben mit ohrenbetäubendem Lärm in unmittelbarer Nähe ein. Gleichzeitig ratterten die Bordkanonen los. Doch das sollte nur ein Vorgeschmack sein. Sekunden später befand ich mich tatsächlich mitten in einem Bombenhagel. Rings um mich herum war ein einziges Knallen, Beben und Bersten. Plötzlich vernahm ich direkt neben mir ein lautes Knarren. „Die Eiche!!", durchfuhr es mich. „Sie fällt um. Und sie fällt direkt auf mein Zelt!" Tatsächlich war eine Bombe auf der anderen Seite der Eiche eingeschlagen und riss den Baum mitsamt dem Wurzelstock heraus. Zu spät! Der mächtige Stamm stürzte auf mein Zelt.

Doch einmal mehr hatte ich unfassbares Glück. Der Wurzelstock hielt den Stamm am Ende etwa einen halben Meter über dem Boden. Mein Zeltdach war eingedrückt, ich aber lag unversehrt da. Zum Durchatmen blieb allerdings keine Zeit, die Bomber flogen eine zweite Angriffswelle und ich wusste, dass ich gegen die Bordkanonen hier so gut wie ungeschützt war. Schutz bot nur eine Vertiefung im Boden. Also nichts wie raus aus dem Zelt und rein in den Bombentrichter auf der anderen Seite der umgestürzten Eiche. Dort drückte ich mich so flach wie möglich auf die Erde und vergrub mein Gesicht in den Händen, die ich mir an den noch glühenden Bombensplittern verbrannte.

Als der Zauber vorbei war, kroch ich aus meiner Deckung und schaute nach dem Rest der Kompanie. Vier Kameraden saßen immer noch auf den Zugmaschinen, fast so als hätten sie den Angriff verschlafen. Doch jeder hatte auf der Körpervorderseite ein kleines Einschussloch, auf dem Rücken dagegen eine grässlich tödliche Wunde, wo das Projektil den Körper wieder verlassen hatte. Unser Pferd, das von mehreren Splittern getroffen war, musste ich leider erschießen.

Wir konnten eine beschädigte Zugmaschine schnell wieder reparieren und zogen weiter. Aufgrund der ständigen Jaboangriffe fuhren wir nur nachts. In den frühen Morgenstunden hieß es dann für uns immer, die Fahrzeuge und Geschütze so gut wie möglich zu tarnen und für sich selbst einen Unterschlupf zu suchen. Am Ostermontag 1945, also genau ein Jahr nach dem erwähnten Schulflug in Frankreich, lag ich mit der Artillerieeinheit bei Hofspeyer (Nähe Bad Dürkheim). Ich war gerade wieder dabei, mir ein Loch zu buddeln. In den sandigen Böden dort in der Gegend war das kein Problem. Die Erlebnisse in Schweich hatten mir wieder einmal gezeigt, wie wichtig ein Graben war, um wenigstens gegen die Bordwaffen geschützt zu sein. „Grab dir ein Loch!", sagte ich auch zu unserem Fourier eindringlich. Der Fourier war der leitende Küchenbulle sowie der Wirtschaftsboss innerhalb der Batterie. Er hatte auch die Kasse unter sich und erledigte die Einkäufe. Einen funktionierenden Nachschub gab es ja zu diesem Zeitpunkt nicht mehr. Daher hatte jede Einheit Geld zur Verfügung, um sich selbst zu verpflegen. Er war ein stattlicher Kerl aus Bad Mergentheim und eine Woche zuvor Vater geworden. Jetzt lehnte er sich an einen Baumstamm, um seiner Frau zu schreiben. „Muss das denn jetzt sein!? Grab dir zuerst ein Loch!", ermahnte ich ihn. Ich hatte kaum ausgeredet, da hörte ich Flugzeuggeräusche. Ich schaute mich um und sah drei

Jagdbomber in einigen Kilometern Entfernung anfliegen. An der Art und Weise wie sie flogen erkannte ich sofort, dass es sich noch um keinen richtigen Angriff handelte. Sie suchten ihr Ziel noch, zogen hoch und drehten wieder ab. „Vorsicht, es wird gleich ein Angriff kommen!!", rief ich laut. Vier Minuten später kamen sie wieder, die gleiche Strecke entlang. Links und rechts der Maschinen sah ich jeweils Rauch aufsteigen. Daran konnte man sehen, dass sie bereits schossen. Der Angriff galt uns, und ich sprang in mein Loch. Als die MG-Garben dann auf unsere Stellung prasselten, warfen sich noch zwei Kameraden auf mich drauf, um ebenfalls in der Vertiefung Schutz zu suchen. Doch dafür war die Deckung zu klein und auch nicht tief genug. Sie schrien auf und Sekunden später spürte ich ihr Blut über mich fließen...

Der Fourier saß immer noch regungslos an den Baum gelehnt. Ein 2-cm-Geschoss hatte den Baum durchschlagen, war durch seinen Rücken gedrungen und an der Brust wieder ausgetreten. Der ganze Brustkorb lag offen da, aber der Mann röchelte noch. Wir verluden ihn mitsamt seinem Gepäck auf einen Sanka. Wir hörten nichts mehr von ihm und stellten bald darauf fest, dass sich in seinem Gepäck auch die ganze Kompaniekasse befunden hatte."

Der Erzähler holt Luft und seufzt: „Ich sagte Ihnen ja gleich: Alte Wunden! Warum ausgerechnet ich all das überlebt habe, weiß ich nicht. Mein Vorteil lag vielleicht darin, dass ich sehr schnell und flink war. Außerdem stets bemüht nie unachtsam zu sein und alle möglichen Vorkehrungen zu treffen."

„In den frühen Morgenstunden des 8. Mai 1945 gaben wir aus unseren Langrohrgeschützen die letzten beiden Schüsse ab. Diese galten inzwischen dem „Iwan". Wir hatten ganz Deutschland durchquert und standen bei Aue in Sachsen, die Russen in etwa 15 km Entfernung bei Annaberg-Buchholz. Von unserer vormals 130 Mann starken Kompanie waren noch 48 übrig. Der Rest war gefallen, verwundet oder versprengt.
Nachdem die Schüsse verhallt waren, trat Ruhe ein. Das Waffenstillstandsabkommen hatte sich überall herumgesprochen und wir war-

teten ab, was nun geschehen würde. Doch es geschah nichts. Wir befanden uns offenbar in einer Art „Niemandsland" von etwa 60 km Durchmesser, das weder von den Amerikanern noch von den Russen besetzt wurde. Also löste sich unsere Einheit – bzw. das, was davon übrig war – auf und jeder versuchte, irgendwo unterzutauchen. Unser „Spieß", der ebenfalls überlebt hatte, stammte aus der Gegend und gab mir Tipps. So kam ich zusammen mit dem Schirrmeister unserer Einheit, Bernhard Fehrenbach, im sächsischen Zwönitz auf einem Gut unter und verrichtete dort die nächsten Monate Bauernarbeit. Als Zivilisten gekleidet sahen wir uns gemeinsam den Einmarsch der Rotarmisten in Zwönitz an. Zusammen beschlossen wir, irgendwie den Heimweg anzutreten. Doch dazu bedurfte es zunächst einiger Formalitäten und Behördengänge. Vom Polizeichef und vom Bürgermeister erhielten wir eine Bescheinigung, die aussagte, dass wir „zur Regelung des Arbeitsverhältnisses befugt waren zu reisen"! Das Problem war nur, dass wir auch von der russischen Kommandantur einen Stempel brauchten.

Vor der Kommandantur warteten bereits mehrere Leute mit verschiedenen Anliegen. Es war der 26. Juni '45. Jeder hatte Tabakwaren oder andere Dinge dabei, um gegebenenfalls in der Gunst des Offiziers zu steigen. Jedoch wurden eine junge Dame und auch der Mann unmittelbar vor uns hochkant rausgeschmissen. Dann war ich an der Reihe. Ich betrat das Büro und sah vor mir einen jungen russischen Offizier, Ende zwanzig. Er betrachtete die Bescheinigung des Bürgermeisters und der Polizei mit hochgezogenen Brauen. Dann schaute er mich an und fragte: „Du haben Tabak?" In etwas Zeitungspapier hatte ich Machorka eingewickelt. Der Russe drehte sich dann aus einem Stück der Zeitung und etwas Tabak eine Zigarette und bedeutete mir, auch ich solle mir eine drehen. So rauchten wir gemeinsam eine Machorka. Ich legte ihm dar, dass ich Elsässer, also Franzose sei und von den Nazis hierher verschleppt worden war und nun zurück in meine Heimat wolle. Der Offizier konnte so weit Deutsch, dass wir uns verständigen konnten. Schließlich haute er mir den begehrten Stempel auf die Bescheinigung und nachdem ich auf meinen Freund Bernhard verwies, tat er dasselbe bei ihm. Wir waren überglücklich und freuten uns schon auf zu Hause.

Nun galt es ein Vehikel zu organisieren. Wir gelangten an Fahrräder, allerdings mit Holzfelgen, auf denen kein Schlauch mehr war. Also umwickelten wir die Felgen behelfsmäßig mit Papierschnur und fuhren auf der Autobahn Richtung Westen nach Hof. Dort war die Grenze zwischen der sowjetischen und der amerikanischen Besatzungszone. Die russischen Wachsoldaten salutierten, als wir unser Dokument vorzeigten. Erleichtert und heimlich grinsend fuhren wir weiter. Nachdem wir eine Woche unterwegs waren und die Papierschnur auf den Felgen immer wieder erneuerten, traf ich schließlich am 14. Juli 1945 in Hussenhofen ein."

Vor dem Einsatz:
Albert Seitz beim Luftkampfgeschwa-
der 100 in Südfrankreich, 1944.

Zur Person:
Den aus Hussenhofen stammenden Albert Seitz (geb. am 24.05.1924) zieht es schon in jungen Jahren nach Iggingen zur dortigen Fliegergruppe (spätere Flieger-HJ). Den ehrgeizigen Bastlern gelingt es, mehrere flugtüchtige Segelflieger zu bauen und auch damit zu fliegen. Albert Seitz macht in der Folge auf der Teck den Luftfahrerschein. Nach der Ausbildung zum Mechaniker arbeitet er bei der Firma Mössner in Schwäbisch Gmünd, damals ein Rüstungsbetrieb. Aufgrund dieses Beschäftigungsverhältnisses bleibt ihm der Reichsarbeitsdienst (RAD) erspart. Anfang Januar 1943 kommt die Einberufung nach Ulm. Nach dreimonatiger Grundausbildung in Rochefort (Südwestfrankreich/Biskaya) beim Fliegerregiment 32 folgt eine Wartezeit in Istres (nordwestl. Marseille). Um möglichst schnell zum Fliegenden Personal zu stoßen, meldet sich A. Seitz zur Bordfunkerausbildung nach Lyon…
In Iggingen lernt A. Seitz seine Frau Antonie (geb. Leinmüller) kennen,

die er 1948 heiratet. Gemeinsam erbauen sie das zurückgesetzte Haus ganz unten in der Sturzäckerstraße. Beruflich macht Albert Seitz Karriere bei der Bahnkriminalpolizei. Seit seiner Pensionierung im Juli 1985 lebt er zurückgezogen auf dem idyllisch am Waldrand gelegenen Anwesen. Viel Zeit verbringt der vitale 83-Jährige mit Reisen und hat dabei schon fast alle Länder der Erde bereist.

❶ *Lyon* / *Bordfunkerausbildung* / *Schulflüge*
❷ *Salon-de-Provence* / *Kampfgeschwader 100* / *Feindflüge gegen Malta*
❸ *La Valetta/Malta* / *Bombereinsatz*
❹ *ungefähre Absturzstelle* / *29. April 1944*
❺ *Schneidemühl/Westpreußen* / *Truppenübungsplatz*
❻ *Echternach/Luxemburg*
❼ *Zwönitz/Sachsen* / *Gutshof*

Herzlichen Dank

für die Unterstützung und Mitarbeit
an diesem Buch

Gemeinde Iggingen
Sibylle Bönsch
Mark Wamsler
Thomas Holz
Rudolf Kaulbersch
Jule Schauaus